Liderazgo y coaching

Liderazgo y coaching

JD Roman
Manuel Ferrández

www.librosenred.com

Dirección General: Marcelo Perazolo
Dirección de Contenidos: Ivana Basset
Diseño de cubierta: Daniela Ferrán
Diagramación de interiores: Javier Furlani

Primera edición en español - Impresión bajo demanda

© LibrosEnRed, 2008
Una marca registrada de Amertown International S.A.

ISBN: 978-1-59754-363-7

Para encargar más copias de este libro o conocer otros libros de esta colección visite www.librosenred.com

Dedicado a Carmen L. (pintura de portada) y a Eve–Marie T., por su apoyo y presencia en las distintas etapas de la elaboración de este libro.

PRÓLOGO

Hace muchos años en un país muy, muy lejano, el entonces Presidente del Gobierno se ufanaba públicamente de haberse leído todo lo que había escrito Sócrates (el filósofo, no el famoso futbolista brasileño de los años 70). Esa labor no debió consumir demasiado de su valioso tiempo, ya que Sócrates no escribió absolutamente nada; nada, por lo menos, que haya sobrevivido al paso de los siglos. Todo lo que conocemos de Sócrates, lo sabemos a través de los escritos de sus discípulos: Platón, entre otros.

Y, no obstante, el padre fundador del *coaching* es el mismísimo Sócrates, circunstancia que nosotros descubrimos por casualidad hace ya muchos años, en Ginebra —Suiza—, cuando un alto directivo nos preguntó cómo conseguíamos ser unos *coachs* "socráticos" de forma tan natural. Nos temíamos que tildar a alguien de "socrático" era algún tipo de mofa, pero no dijimos nada y empezamos a buscar información.

Entonces descubrimos que, al igual que el señor Jourdain de Molière hacía prosa sin saberlo, nosotros veníamos haciendo *coaching* "socrático" desde hacía muchos años. Y es que nuestro campo de actuación habitual es el *coaching* y la formación en grupo, bien sea de tipo clásico, en aula; o del tipo denominado "outdoor" y experiencial. En esta modalidad, por cierto, el enfoque socrático resulta imprescindible para alcanzar los objetivos. Con lo cual, efectivamente, resulta que llevamos décadas realizando *coaching* "socrático" por distintas partes del mundo.

7

¿Para quién? Pues para las organizaciones de primera línea: en automoción, en empresas IT (Tecnologías de la Información, por sus siglas en inglés), en corporaciones farmacéuticas y en industrias relacionadas con el lujo. Omitimos los nombres y apellidos, ya que nuestros clientes no desean que se haga demasiada publicidad sobre los proyectos de *coaching* que allí se desarrollan.

Básicamente, esto se debe a una razón muy sencilla, el *coaching*, para ellos, es una herramienta estratégica, una herramienta que les ha ayudado a llegar a la cima y, sobre todo, a mantenerse ahí.

Así pues, dado que el término "coaching" está de moda —parece ser que hoy en día todo el mundo hace "coaching", incluso sobre los temas más disparatados—, hablemos de ese término y de lo que significa. Antes de nada, queremos incidir en un tema que muchas veces se deja de lado y se obvia: el ROI (Retorno sobre la Inversión) del *coaching*. Es decir, ¿cuánto me reporta esto del *coaching*? Sin lugar a dudas, hacer *coaching* produce resultados, desde luego, pero hay que medirlos. Igualmente, el *coaching* tiene un coste que, desde luego, también tiene que medirse.

Estamos aquí adelantando algunos conceptos que luego abordaremos con profusión. Se trata de realizar medidas cuantitativas y cualitativas, pero conviene dar un paso más allá: ¿cómo traducir los resultados cualitativos en resultados cuantitativos? Este paso resulta realmente difícil y, tal vez por esta razón, muchas veces nos quedamos con resultados del tipo:

★ Mejora de la autoestima
★ Mejora del ambiente de trabajo
★ Etc.

A nosotros, como a cualquier directivo, este tipo de resultados **no nos sirve.**

Si una persona decide invertir en *coaching*, lo natural es que quiera saber concretamente cuánto le va a reportar esa acción a su organización. Punto.

Les proporcionamos otra pista. Si queremos saber cuál es la contribución del programa de *coaching*, probablemente debamos acudir a metodologías cercanas al análisis farmacéutico, por ejemplo, con pruebas de tipo *double–blind*. Es decir, buscaremos un grupo de personas homogéneo y realizaremos *coaching* con la mitad del colectivo. En este formato, resulta vital que la otra mitad de personas **no sepa** que se está haciendo *coaching*, ya que contar con esa información, por inducción, contaminaría a ese colectivo.

A día de hoy, nunca se ha hecho así, ya que las organizaciones, posiblemente sin ser conscientes de ello, conocen el efecto inducción (una variante del efecto cuántico del observador externo); y es que, el mero hecho de saber que existe un programa en curso, de alguna forma, provoca un estímulo positivo en el colectivo que no está involucrado en el programa de *coaching*. Esto, desde luego, multiplica el impacto del programa pero, a su vez, dificulta la lectura y la medición del impacto real. Volveremos más adelante sobre este aspecto del *coaching*, que a nosotros nos parece vital. De momento, vamos a tratar de la parte técnica relacionada con el *coaching*.

En varias ocasiones, haremos referencia a algunos de nuestros libros ya publicados en los cuales hemos desarrollado conceptos que constituyen el sustrato para desarrollar programas de *coaching*. Hablamos, en concreto, de *El puente de papel*, que aborda la metodología de formación y cómo adquirimos conocimientos. Del mismo modo, *Homo Komunikator* realiza un repaso a las habilidades de comunicación, indispensables para llegar a ser un *coach* de éxito.

Por otra parte, deseamos dar cabida a las distintas interpretaciones que se realizan del concepto de "coaching". Así que pretendemos darle algunas vueltas de tuerca a éste, examinándolo desde distintos ángulos y puntos de vista. Aquí siempre emplearemos el término "coachee" para referirnos a la persona que se halla inmersa en un proceso de *coaching*, esté iniciado o se encuentre a punto de iniciarse.

También, más allá del aspecto de moda, que sin duda conviene tener en cuenta, veremos que el *coaching* es indisociable del entorno económico y empresarial imperante y de las nuevas condiciones que obligan a las organizaciones a introducir nuevos paradigmas de funcionamiento en nuestro quehacer diario.

¿Cómo medir algo tan intangible como un "excelente ambiente de trabajo"? ¿Qué acciones revelan que los clientes van "más allá de la satisfacción"? Por difícil que resulte, *parametrizar* y medir los valores culturales no resulta imposible.

Todos sabemos lo que tenemos que hacer en nuestro trabajo, más o menos (este aspecto conviene tenerlo en cuenta al iniciar un proceso de *coaching*, para no asumir cosas "obvias"). Pero ¿y si lo que hay que trabajar es algo intangible, algún valor cultural que todos han de demostrar para que la organización triunfe? La mayoría de las empresas definen sus valores culturales atendiendo a un imperativo estratégico. Si el imperativo estratégico radica en centrarse en el cliente, la cultura debiera centrarse en parámetros que fomenten la satisfacción del cliente. Si el imperativo consiste en desarrollar alianzas estrechas, el valor clave pudiera estar relacionado con poseer una ética intachable.

Definir los valores culturales resulta bastante sencillo. Y hasta resulta posible hacer que las personas actúen en consecuencia. Sin embargo, medir si tales comportamientos han llegado a penetrar en la cultura de la organización, si la organización hace lo que dice, etc. suele constituir un auténtico desafío.

Habitualmente las organizaciones utilizan herramientas de recursos humanos para medir hasta qué punto la actuación de los clientes (*coachees*) apoyan los resultados de la organización. Por ejemplo, a los directores de producción se los suele evaluar en función de su capacidad para aumentar la producción y reducir los costes. Se los recompensa en función de los objetivos que cumplen —cuantitativos— y se los penaliza si los incumplen. A eso lo llamamos "el **what**". Sin embargo, es conveniente medir algo más que los meros resultados operativos de negocio. Los sistemas convencionales de medición de resultados suelen olvidarse de reconocer cómo se realiza el trabajo y cómo se alcanzan los resultados. Esto es el *how*. Resulta patente que, al final, el *how* presenta un impacto sobre la cuenta de resultados, sobre el *what*.

1– Las bases

Introducción

La economía global ha modificado "las reglas del juego". Actualmente, las organizaciones no pueden permitirse el lujo de controlar todo desde arriba. Las empresas que tienen éxito, las mejores, son aquellas que pueden responder rápidamente a los cambios de los mercados, a las nuevas tecnologías, a las políticas gubernamentales y a las renovadas actitudes sociales. Esta capacidad para el cambio no puede ser programada efectivamente dentro de sistemas y procedimientos clásicos.

Los aspectos fundamentales que determinan el desarrollo de las organizaciones son la cantidad de sus líderes y la calidad de éstos. En este punto, muchas personas mantienen abierto el debate acerca de si el líder nace o se hace. Zanjémoslo de una vez: una ínfima minoría de personas "nace" con esa habilidad y una abrumadora mayoría **no** nace con ella. Con lo cual, es evidente, hay que desarrollar esa habilidad. Así de sencillo. Y para eso está el *coaching* operativo. Más adelante, de todas formas, revisaremos "largo y tendido" la noción de "líder", de "liderazgo" y su importancia capital en el proceso de *coaching*. Aunque también podemos adelantar otro aspecto clave del *coaching* –y de la figura del *coach* –, y es que debido a la relación no jerárquica que precisa existir entre el *coach* y el *coachee*, la habilidad de liderazgo –liderazgo individual, no liderazgo de masas– resulta fundamental.

Vayamos pues avanzando...

Antes de todo, revisemos algunos asuntos de vocabulario. Que los académicos del lenguaje nos perdonen, pero estos vocablos ya se han incorporado a los hábitos de lenguaje cotidiano y, aunque resulten chirriante para los oídos, tenemos:

★ El coach (plural: coachs).
★ El coachee (plural: coachees).

Vayamos ahora con algunos conceptos básicos, que nos van a ayudar a lo largo de nuestro paseo por el mundo del *coaching*. En primer lugar, veamos qué **no es** *coaching*.

Lo que no *es* coaching

Resulta evidente que, a pesar de la multitud de cambios producidos en el entorno, la mayoría de los directivos no ha modificado sustancialmente su forma de actuar. Muchos no poseen una idea clara de lo que, en la práctica, significa "coaching". Por lo tanto, el *coaching* se convierte en uno de esos conceptos de moda, pero que posteriormente, en la práctica, se ignoran. No obstante, el *coaching* no es algo mágico, ni tampoco difícil de aprender. Antes de proseguir, sin embargo, queremos detenernos en desgranar algunos conceptos erróneos. Son los siguientes:

1– "El *coaching* no se puede definir"
En realidad, el *coaching* es un proceso bien definido, que cuenta con puntos de partida y de llegada. Lo que resulta diferente es que el corazón del proceso se inscribe en el potencial de la persona. Esto hace que el éxito no resulte sencillo de medir.

2– "El *coaching* es una psicoterapia"
Frecuentemente, los directivos eluden el *coaching* porque temen que adentrarse en ese mundo les exija convertirse en una especie

de psicólogos. Imaginan que tendrán que bucear en los oscuros secretos de la persona asistida. Es cierto que, de alguna manera, deben apelar a una psicología básica para entender y explicar los comportamientos que detectan. Pero, desde luego, no es necesario haber estudiado psicología para ser un buen *coach*. Sólo hay que estar dispuesto a gestionar cuestiones personales y emocionales.

3– *"Coaching* es hacer feliz a la gente"
Muchos directivos piensan que el *coaching* significa hacer lo que ya hacen, pero teniendo en cuenta los "sentimientos" de sus *coachees*, debido a que cuando hacen *coaching*, se concentran en la persona. En realidad, si bien gestionar es simplemente asegurarse de que alguien alcance ciertos niveles de desempeño, el *coaching* consiste en ayudar a que esa persona gestione los problemas por sí misma.

4– "El *coaching* y el *mentoring* es lo mismo"
Un *coach* no establece vínculos emocionales. Un mentor, sí. Si alguien no cumple un compromiso, un mentor podría decir: "Usted me ha desilusionado". En cambio, en la misma situación, un *coach* diría: "Esto es lo que usted dijo que haría, y no lo está haciendo".

5– "Un *coach* es alguien que anima a mejorar"
Todo proceso de *coaching* se inicia con un análisis –compartido– de los puntos fuertes y de los puntos a mejorar de una persona. El *coaching* está muy orientado a la acción (debe ser coactivo). Un *coach* no sólo alaba los esfuerzos de una persona, sino que también ayuda a las personas a entender lo que han de cambiar para alcanzar sus objetivos profesionales.

6– "El *coaching* exige mucho tiempo y muchos recursos"
El miedo a un esfuerzo importante, en términos de horas de trabajo, aleja a muchas personas del *coaching*. Eso no difiere de

la realidad. A un buen directivo le bastará con dedicar el 5% de su jornada laboral al *coaching* y, finalmente, descubrirá que esa tarea lo ayuda a ahorrar tiempo. A largo plazo, la recompensa es mucho mayor. Usted enseña a las personas a resolver sus problemas por sí mismas. Un proceso de *coaching* puede durar entre tres meses y dos años, según lo que el *coachee* pretenda conseguir.

7– "Se aplica a todo tipo de situaciones y negocios"
Pues depende... En realidad, no existe una receta mágica.

8– "No todo el mundo puede recibir *coaching*"
Si una relación de *coaching* no funciona –por ejemplo, si alguien sometido a ese proceso no responde como se espera–, no pocos líderes suponen que la persona asistida es "inmanejable". Lo que resulta menos obvio es pensar que si la persona no responde, probablemente sea porque el *coach* esté dando los pasos equivocados. Si el *coaching* realmente no funciona, conviene tratar de descubrir qué es lo que inmoviliza a la persona asistida, sin dar por sentado que toda la responsabilidad es suya. Si alguien no responde a sus esfuerzos de *coaching*, probablemente existan problemas en la relación. Antes de dictaminar que es imposible asistirlo, convendría cambiar de *coach*.

9– "Los *coachees* bien formados se aprovecharán y se irán de la organización"
Algunos directivos temen que si ayudan a una persona a alcanzar sus objetivos profesionales, la alentará a buscar nuevos horizontes. El *coaching* es una de las mejores herramientas para hacerlo. Algunas personas querrán irse y, cualquiera que sea el motivo, será imposible detenerlas. Pero todas las personas cuentan con recursos ocultos. Una vez que empiezan a descubrirlos, a contemplar de qué manera pueden aplicarlos y a

comprobar cómo impactan en su trabajo, se entusiasman. Éste es un planteamiento de algo nuevo, la verdad y, en ocasiones, puede parecer cercano a un acto de fe, pero comprobaremos que detrás de estas buenas intenciones existen realmente fundamentos sólidos. Es factible que algunos *coachees* se vayan de la empresa en busca de nuevas metas. Sin embargo, también es cierto que muchos otros se sentirán en deuda con la organización y reforzarán su lealtad hacia una empresa que está interesada en el desarrollo profesional de sus colaboradores.

10– "El *coaching* no afecta a la cuenta de resultados"
Aquí conviene tener mucho cuidado. Ya lo comentábamos al principio ¿recuerdan? Hablamos del ROI del *coaching*.

Muchos directivos consideran al *coaching* como una "habilidad menor"; es decir, algo que no produce un efecto inmediato en las cifras. Muy al contrario de esta opinión, el *coaching* produce resultados notablemente más consistentes que muchos otros enfoques de gestión.

Desde un punto de vista cualitativo –el *how*–, para empezar, esta técnica desarrolla la creatividad de las personas. Les alienta a ser más flexibles, a adaptarse a situaciones nuevas. Y esta clase de respuesta de los *coachees* puede producir, sin ningún género de dudas, un efecto sustancial en los ingresos de una organización. No obstante, también es cierto, resulta necesario optimizar los recursos del *coaching*. Los únicos destinatarios deben ser quienes, con el tiempo, provocarán un gran impacto en la organización. El *coaching* supone una inversión en una persona y proporcionará resultados reales, pero no cuando se trata de un objetivo de negocio inmediato.

Cuando usted presta su apoyo a alguien simplemente para que esta persona cumpla los objetivos de ventas del próximo mes, no estamos hablando de *coaching*, aunque usted y otras personas lo denominen así. En cambio, si esa persona es un consultor de ventas con un elevado potencial y usted va a ayudarlo a desarrollar su metodología de ventas –no sólo con el *what*, sino también con el *how*–, entonces eso sí estamos habando de *coaching*. Éste puede tener un impacto positivo en los resultados de la corporación, pero difícilmente en el corto plazo (léase un mes). Por eso, conviene dirigirlo a quienes se convertirán en importantes activos para la empresa.

No obstante, en algunos programas de *coaching* que hemos desarrollado, se han podido lograr resultados medibles (más y mejores ventas) en algo menos de tres meses.

Recordemos, en este punto, otra vez, a los antiguos filósofos –en esta ocasión chinos–, que ayudaban a "aprender" a pescar, en lugar de regalar pescados.

LA FUERZA DEL *COACHING*

Está claro que el *coaching* es una de las habilidades críticas del liderazgo contemporáneo. Debido a los cambios tan profundos y tan rápidos que se están produciendo, el líder requiere generar y aplicar un aprendizaje que responda a las necesidades del momento. Provocar un aprendizaje que se dé en la misma dinámica del trabajo.

El *coaching* encaja perfectamente en este nuevo modelo de aprendizaje, ya que posibilita al líder aprender, modificar y aplicar un enfoque adecuado en una determinada situación empresarial.

Cuando un líder recibe *coaching*, o se convierte en *coach*, ha de tener presente ciertos aspectos para incrementar su efectividad: enfocarse tanto en el negocio como en el talento humano, generar confianza y credibilidad, conseguir inspirar, buscar la excelencia, desarrollar el *coaching* como un proceso y no como algo puntual. **Siempre hay que pensar en el ROI de un proceso de *coaching*.** Cualquier habilidad tendría el máximo sentido para los directivos si éstos pudieran contemplar con claridad la relación existente entre dicha aptitud y los resultados deseados por la organización. En tal situación, las habilidades tienen pleno sentido. Los líderes que hacen *coaching*:

★ Generan más lealtad, lo cual se traduce en una fidelidad más elevada de los coachees.

★ Comunican una expectativa de mejora continua, que conduce a mejorar constantemente el desempeño y la productividad.

★ Están mejor informados de los problemas y de los asuntos de la organización, porque los líderes se los plantean constantemente.

★ Crean un clima de trabajo en el que existe una comunicación abierta, directa y franca y una cultura donde los problemas se afrontan y se resuelven con rapidez. Existe menos protección de territorios particulares y las personas tienden a compartir la información. Un verdadero líder determina los resultados que la organización espera y ayuda a las personas que tiene su cargo a buscar (y conseguir) metas más elevadas. Los verdaderos líderes ayudan a las personas a desempeñarse mejor de lo que lo harían si dichos líderes no estuviesen allí. Esto tiene sentido, en especial, cuando un directivo percibe un potencial mucho más elevado de lo que él mismo pensaba.

El principal desafío al que se enfrentan las organizaciones de hoy radica en las personas. En un contexto altamente competitivo y cambiante, la mayoría de las empresas buscan eficacia, eficiencia y mejora continua y se hallan, por tanto, sometidas a elevadas exigencias para conseguir el éxito. En este contexto, resulta vital que sus equipos sean capaces de lidiar con estos desafíos y que puedan moverse con solvencia en escenarios de incertidumbre. Esta responsabilidad recae sobre directivos que, muchas veces, tienen que rendir más allá de lo que son capaces.

En esa misma línea, los líderes precisan desarrollar sus habilidades, comprender los fenómenos organizacionales y humanos, desarrollar nuevas capacidades de aprendizaje y gestionar estados de ánimo no siempre favorables para estar en disposición de lidiar con sus equipos, con sus clientes, con sus homólogos, con sus proveedores e, incluso, con ellos mismos. Por otro lado, los directivos actuales están sometidos a una diversidad de exigencias y compromisos, con objetivos que usualmente siempre van en aumento. Alrededor de ellos se generan altas expectativas que, muchas veces, originan estrés o agotamiento. Las personas tienden a trabajar más allá de lo que pueden, a dar más de lo que tienen y a hacerse cargo de problemas para los que no necesariamente tienen las habilidades.

Todas estas exigencias, tanto externas como internas, hacen que el panorama se llene de agobio, de cansancio, de depresión; muchas veces, además, aderezado con problemas familiares y personales. Seguramente, todo ello es debido a que la velocidad con la que avanza el conocimiento (en cualquier área) hace que lo que sabemos hacer en un determinado momento quede obsoleto al poco tiempo.

Algunas organizaciones optan por ignorar esta situación y otras optan sencillamente por hacer rotación de personal cuando detectan que existen personas "quemadas". Sin embargo, la tendencia actual es que las empresas inteligentes se centren en el trabajo conjunto para hacerse cargo de la situación como organización, mostrando preocupación por las personas, proporcionado entrenamiento, acompañamiento y *feedback*. En otras palabras, aplicando un programa de *coaching*.

Durante el proceso, la relación que el *coach* establece se basa en el respeto por el otro, de modo que aquél nunca adopta una actitud de superioridad. El *coach* sugiere la idea de un cambio al *coachee* y lo ayuda a conservar lo que está funcionando bien y a transformar lo que no sirve. Además, se preocupa por potenciar el proceso por encima de los resultados a corto plazo. El *coach* también facilitará al *coachee* la observación de un abanico de opciones y de nuevas soluciones a los problemas.

El *coach* ayuda a ver, desde distintas perspectivas, los costes y los beneficios de un ascenso, un cambio de departamento o la adquisición de cualquier nivel de responsabilidad, y los deja a la vista.

En todo este proceso, la ética constituye un asunto fundamental. La definición de cuáles son los valores que persigue y cuida una organización permite que los *coachees* capten en qué medida esos valores se adecúan a los suyos propios. La orientación del *coaching* es, por tanto, conseguir una apertura de conciencia, el desarrollo de las habilidades, el manejo de los estados de ánimo e instalación de prácticas, además del apoyo para la adquisición de comportamientos y de actitudes adecuadas.

Como es sabido, la mayéutica era el método que utilizaba Sócrates para extraer de sus discípulos el conocimiento que tenían dentro de sí y que aún no habían desarrollado. Este mismo método es el que utilizan los *coachs* con los directivos: los conducen a que aflore en ellos todo el potencial personal y profesional; ayudándolos a aprender, para que encuentren por sí mismos la solución a sus problemas.

No obstante, no hay que pensar en el *coach* como el responsable del desarrollo directivo, sino como aquella persona que ayuda al líder a desarrollarse: el *coach* no dice qué ni tampoco cómo hay que ejercer la dirección. Lo que sí hace es formular preguntas que permitan la reflexión crítica de su discípulo con el objetivo de que este mismo responda y adquiera conciencia de lo que hace mal y de lo que hace bien y, sobre todo, de qué conviene cambiar en su estilo de dirección.

Los especialistas definen el *coaching* empresarial como "el acompañamiento de una persona o de un equipo de trabajo (*teambuilding*) a partir de sus necesidades profesionales, para el desarrollo de su potencial y conocimientos técnicos". Esta definición recupera el concepto de "acompañamiento" y, al mismo tiempo, precisa el ámbito del *coaching*: las necesidades profesionales. Elimina, dicho de sea de paso, las necesidades privadas, lo que permite distinguir claramente el *coaching* de la psicoterapia.

PRIMEROS APUNTES

Prosigamos con algunos apuntes que nos servirán de guía en el proceloso mundo del *coaching*.

★ El coaching es un sistema que incluye conceptos, estructuras, procesos, herramientas de trabajo e instrumentos de medición. Implica también aplicar un estilo concreto de liderazgo.

★ El coaching se apoya en conversaciones, no en meras charlas.

★ Emplea el feedback positivo basado en la observación.

★ El coaching abre ventanas para explorar nuevos conceptos, nuevos sistemas, técnicas, herramientas y nuevas tecnologías de gestión empresarial que se centran en:

★ Un estilo particular y diferenciado del coach para el desarrollo de líderes en la administración de las organizaciones.

★ Una metodología de estrategias y tácticas que apuntan siempre hacia una mayor visión empresarial.

★ Un sistema integral, coherente, continuo, para el desarrollo de los talentos individuales de las personas en el trabajo.

★ Un sistema de trabajo en equipo que potencia aún más las habilidades individuales en aras de mejores resultados para el equipo.

★ Un enfoque diferente que transforma el trabajo en entrenamiento y desarrollo.

CARACTERÍSTICAS BÁSICAS DEL *COACHING*

Esencialmente, existen cinco características básicas:

1– La visión es concreta, basada en hechos.

Se focaliza en comportamientos que pueden ser mejorados y en los aspectos objetivos y descriptivos del desempeño. Este solamente puede ser mejorado cuando puede ser descrito de forma precisa y cuando ambas partes entienden exactamente lo mismo.

2– Existe interactividad. Quien más habla debería ser el coachee.

En las conversaciones de *coaching* se intercambia información, se hacen preguntas y se dan respuestas, se intercambian ideas.

3– La responsabilidad es conjunta, no únicamente del coach.

Tanto *coach* como *coachee* detentan una responsabilidad compartida para trabajar juntos en la mejora continua del desempeño. Ambos comparten la responsabilidad de conseguir que la conversación resulte de la máxima utilidad posible.

4– La forma es específica. Existe una estructura.

La forma está determinada por dos factores primordiales: una meta de la conversación claramente definida y un flujo de la conversación con una primera fase en la cual se amplía la información. Posteriormente, esta se focaliza en aspectos específicos, en la medida en que los participantes consiguen alcanzar el objetivo pactado al inicio de la conversación.

5– El respeto es algo permanente. Lo más importante es el *coachee*

El líder comunica, en todo momento, su respeto por la persona que recibe el *coaching*.

ALGUNOS ELEMENTOS BÁSICOS DEL *COACHING*

Valores

El *coaching* posee como base fundamental los valores que previamente ya han sido discutidos. De no ser así, este se convierte simplemente en poco menos que en la exhibición de una serie de trucos.

Resultados

El *coaching* es un proceso orientado a resultados y que tiene como consecuencia la mejora continua del desempeño, ya sea de una persona o de un equipo.

Disciplina

El *coaching* es una interacción disciplinaria. A fin de conseguir la meta de la mejora continua, un *coach* debe ser lo suficientemente disciplinado como para crear las condiciones esenciales, aprender, desarrollar y utilizar las habilidades críticas y gestionar adecuadamente una conversación de *coaching*.

Formación previa

Para emprender conversaciones de *coaching* reales, se requiere entrenamiento. No basta el conocimiento intuitivo o la simple memorización de ideas y de conceptos, ya que esto no garantiza que se lleven a cabo conversaciones orientadas a mejorar el desempeño.

¿Cuándo dar coaching?

El *coaching* se puede aplicar cuando:

★ Existe un feedback pobre o deficiente sobre el progreso de los coachees, acompañado de un bajo rendimiento laboral.
★ Cuando un empleado de cualquier área merece ser felicitado por la ejecución ejemplar de alguna destreza.
★ Cuando el colaborador necesita mejorar alguna destreza dentro de su trabajo.

El *coaching* efectivo es aquel que se caracteriza por el positivismo y la confianza.

¿Cómo funciona el coaching?

El *coaching* funciona a través de una conversación en la cual aparecen compromisos mutuos.

★ Por parte del coachee: Obtener un resultado superior, honestidad con lo que ocurre y disposición hacia el logro.
★ Por parte del coach: El resultado que obtendrá su coachee será más elevado que el que lograría el coachee por sí mismo. En ocasiones, los coachs trabajan también con los estados de ánimo (las denominadas "cuestiones de actitud").

No obstante, todos podemos entender que resulta imposible vernos a nosotros mismos en acción. Ése es el motivo fundamental por el que en las artes y en el deporte competitivo un *coach* sea una figura poco menos que imprescindible. Por tanto, cuando una organización desea obtener resultados que nunca obtuvo antes, resultados diferentes a lo que su historia les permitiría conseguir, se encuentra en excelente disposición para contratar a un *coach*.

Cualitativo y cuantitativo

La intervención de un auténtico *coach*, ya sea en equipos de trabajo o individualmente con los directivos, está transformándose rápidamente en una ventaja competitiva para cualquier organización.

Examinemos, a continuación, algunas de las razones —cualitativas— por las cuales el *coaching* es importante para las organizaciones:

★ Facilita que las personas se adapten a los cambios de manera eficiente y eficaz.
★ Moviliza los valores centrales y los compromisos del ser humano.
★ Estimula a las personas hacia la producción de resultados sin precedentes.
★ Renueva las relaciones y hace eficaz la comunicación en los sistemas humanos.
★ Predispone a los individuos para la colaboración, el trabajo en equipo y la creación de consenso.
★ Destapa la potencialidad de las personas, permitiéndoles alcanzar objetivos que de otra manera serían considerados inalcanzables.

En cuanto a las razones cuantitativas, el *coaching* está muy centrado en los resultados (aumento de cifras de venta, por ejemplo), pero para los *coachs* lo que realmente importa son las personas; al fin y al cabo, son ellas quienes producen los resultados. El poder en una relación de *coaching* no radica en la autoridad del *coach*, sino en el compromiso y en la visión de las personas. Los *coachs* traspasan el poder a las personas.

¿Quién es el coach?

El *coach* no es más que una figura que se preocupa de planificar el crecimiento personal y profesional de las personas. Desde este punto de vista, el *coach* es, sin duda, un líder. Posee una visión inspiradora, ganadora y trascendente, que mediante el ejemplo, la disciplina, la responsabilidad y el compromiso orienta a las personas en el caminar hacia una visión, convirtiéndola en realidad. Para acompañar a la persona en ese camino, precisa de una serie de elementos, que a continuación detallamos.

★ **Comunicación:** Un *coach* se asegura de la claridad en su comunicación.

★ **Apoyo**: Significa apoyar al equipo o a la persona, aportando la ayuda que éste necesita, bien sea con información, con materiales, con consejos o, simplemente, aportando comprensión.

★ **Confianza:** El líder permite que las personas de su equipo sepan que cree en ellas y en lo que éstas hacen. Señala los éxitos ocurridos. Revisa con los colaboradores las causas de los éxitos y proporciona reconocimiento.

★ **Visión compartida**: Significa compartir una visión de las metas comunes. Para asegurarse de ello, el *coach* previamente ha de emplear el tiempo preciso para explicar en detalle sus metas. La clave es asegurarse de que los miembros de su equipo pueden responder preguntas tales como: ¿por qué esta meta es tan deseable para el equipo o para la organización?, ¿qué pasos se han de dar para conseguir las metas?, ¿cuándo?

★ **Empatía:** Supone comprender el punto de vista de los *coachees*. Realizar preguntas que revelan la realidad de los miembros del equipo para involucrarse con las personas. El líder no debe asumir que sabe lo que estas piensan y sienten, debe preguntárselo.

★ **Recompensa/castigo:** Es permitir que los miembros del equipo sepan con certeza que los errores no van a ser castigados, siempre y cuando todo el mundo aprenda de ellos.

★ **Paciencia:** El tiempo y la paciencia resultan clave para evitar que el *coach* simplemente reaccione.

★ **Discreción:** Los mejores *coachs* son aquellos que logran mantener la confidencialidad, que conforma la base de la confianza y, por ende, de su credibilidad como líder.

★ **Respeto:** Es la actitud percibida en el directivo hacia las personas. Un directivo puede mostrar respeto a los miembros de su equipo, pero si esta actitud está en contradicción con su escasa disposición a involucrarse, su poca habilidad para ser paciente, su deficiencia en compartir metas, etc., entonces, todo ello hace que transmita poco respeto.

Y es que los *coachs* realizan muchas tareas: aconsejan, establecen dirección y proporcionan *feedback*. Proponen tareas que desarrollan las habilidades y ayudan a conseguir el éxito. El éxito lo alcanzan anticipando los problemas y los obstáculos potenciales que los *coachees* podrán encontrarse, así como colaborando con ellos para que consigan los recursos necesarios. En otras palabras, los ayudan tanto a evitar el fracaso, como a conseguir el éxito. Ayudando a rodear obstáculos y asignando recursos, los buenos *coachs* promueven el éxito.

Funciones del coach

Entre sus principales aptitudes se encuentran:

★ Liderazgo visionario inspirador.
★ Selección de talentos.
★ *Coach* de equipos.
★ Acompañamiento de *coachees* en situaciones reales.
★ *Coach* del desempeño individual de los vendedores.
★ Motivación y guía de desarrollo de carrera.

★ Gestión del trabajo en equipo.

★ Implementador de estrategias innovadoras.

Otros comportamientos básicos del *coach:*

★ **Escucha activa:** Este término se refiere a los comportamientos y actitudes que los *coachs* ponen en juego para transmitir que están escuchando. En esta actividad, están involucrados aspectos verbales y no verbales (ver el capítulo correspondiente en el libro *Homo Komunikator).* Quizá la habilidad principal que subyace es la de escuchar sin evaluar inmediatamente lo que la otra persona está planteando. Esto implica, a su vez, tratar de comprender lo que el otro está comunicando, en lugar de evaluar si lo que dice es correcto o incorrecto o de si estamos de acuerdo o no.

★ **Recopilación de información**: Para el *coach* resulta importante recopilar la suficiente información para obtener resultados positivos. Los *coachs* pueden ayudar a los demás a resolver problemas, conociendo la forma en la que éstos entienden el problema, qué han hecho para resolverlo y la manera en cómo piensan que esos problemas pueden ser resueltos.

★ **Reformulación:** Otro comportamiento que ayuda al coach a obtener información es la reformulación. De esta forma, se comunica que se está escuchando, que comprendemos lo que la otra persona dice o siente, que no se la está juzgando y que, en definitiva, estamos interesados en que la otra persona proporcione la información que considere importante. Reformular significa expresar lo que creemos que el otro dijo y entender los sentimientos que ha expresado.

★ **Refuerzo:** Esta herramienta se focaliza en el resultado final del *coaching*: la mejora continua del aprendizaje. Expresa la convicción del *coach* sobre el deseo de las personas de ser competentes. El líder hace hincapié en el sentido de logro en la otra persona y contribuye al compromiso de la mejora continua. Realizar afirmaciones durante una interacción de *coaching* puede dirigir la atención hacia dos grupos de habilidades demostradas por la persona: aquellas que la persona ha mostrado en el trabajo y aquellas que la persona muestra durante una interacción de *coaching*.

★ **Autorresponsabilidad:** Significa asumir la responsabilidad del propio comportamiento y aceptar la responsabilidad por el resultado de la interacción de *coaching*. En otras palabras: "Si resultó, tuve responsabilidad en ello".

★ **Gestión y liderazgo:** Los *coachs* tienen un compromiso hacia un desempeño superior.

★ Gestionar a través del control no resulta práctico. En realidad, **no** es un tipo de gestión que tenga que ver con el liderazgo. Además, no conduce hacia un compromiso con un desempeño superior o con la mejora continua hacia un mejor desempeño.

Un desempeño óptimo es el resultado del compromiso de las personas para desempeñarse como mejor les permitan sus habilidades. Dicho compromiso es una de las consecuencias de las siguientes condiciones:

1. Las personas comprenden qué están haciendo y por qué es importante.
2. Cuentan con las habilidades para desempeñar los trabajos y las tareas que se esperan de ellos.
3. Se sienten valoradas por lo que hacen.
4. Se sienten retadas por sus trabajos.
5. Tienen la oportunidad de mejorar cuando cometen errores.

Un primer esquema de funcionamiento

El *coaching* puede desglosarse como un proceso en tres etapas:

1– Preparación
Toma de contacto con la organización y con el *coachee*. En esta instancia se analiza el contexto y se definen los objetivos.

2– *Coaching*
Reuniones estructuradas del *coachee* con el *coach* para explorar la situación actual, para diseñar un plan de acción que conduzca al "cliente" a alcanzar los objetivos. Más adelante, se lleva a cabo una planificación, un lanzamiento y una validación de las acciones.

3– Seguimiento
El *coach* comprueba el cumplimiento de los objetivos por parte del colaborador y las mejoras conseguidas por éste. A partir de este momento, se planifican futuras acciones.

Existen seis etapas para iniciar un proceso de *coaching* clásico:

1. Explicar el propósito y la importancia de lo que se está tratando de enseñarle a la persona.
2. Explicar los procesos y las técnicas que las personas tienen que utilizar.
3. Mostrar a la persona cómo se hace.
4. Observar mientras las personas practican el proceso.
5. Proporcionar *feedback* inmediato y específico, ya sea para corregir errores o para reforzar éxitos.
6. Expresar confianza en la habilidad de la persona para alcanzar el éxito.

Posteriormente, examinaremos cómo este modelo básico puede desarrollarse en más profundidad.

Qué es y cómo se hace

Profundicemos un poco en este aspecto. ¿Qué espera la organización?

El objetivo principal es que el directivo se desarrolle, tanto profesional como personalmente, para conseguir un funcionamiento óptimo como gestor o directivo. Y, claro está, que este desarrollo personalizado tenga un impacto en todos los niveles en la organización.

El *coach* lo que realmente hace es plantear preguntas, evita posicionarse como experto, ya que el que verdaderamente posee las respuestas para una situación determinada es la persona que la está viviendo, aunque, inicialmente, le cueste contemplarlas o ponerlas en práctica.

Ya hemos resaltado que no se trata de ninguna terapia. El objetivo del *coaching* no es, por lo tanto, cambiar la personalidad del directivo ni su vida personal, afectiva, etc. (en algunos casos, tal vez, eso suele venir como consecuencia secundaria), sino hacerlo funcionar mejor como gestor o como directivo. En este sentido, el *coaching* ayuda a modificar comportamientos, no personalidades.

El *coaching* está destinado principalmente a:

★ Todas las personas con responsabilidad dentro de una organización.
★ Todas las personas consideradas "clave", no solo desde el punto de vista objetivo, sino también desde el punto de vista subjetivo.

¿POR QUÉ *COACHING*?

★ Por la sensación de algunos directivos de estar desbordados por los nuevos retos que han de asumir las organizaciones.

★ Por el poco tiempo que tienen para ellos mismos debido, fundamentalmente, a la necesidad continua de tener que reducir costes, de aumentar la productividad y de mejorar el servicio al cliente.

★ Por la presión con la que tienen que vivir el día a día y que se retroalimenta a sí misma.

★ Por el aislamiento que experimentan al no compartir sus problemáticas con los colaboradores; primero, porque una de sus tareas principales es protegerlos del miedo, transmitir seguridad y motivarlos; y segundo, porque nos cuesta mucho reconocer que existen cosas que retos y responsabilidades que nos sobrepasan.

★ Porque en las habilidades "blandas" y sociales, muchas veces no suelen ser tan competentes como en las "duras".

★ Por la necesidad que tiene toda organización de aumentar la productividad continuamente.

El *COACHING VERSUS* OTROS TIPOS DE ENTRENAMIENTO

★ La primera y más importante ventaja del *coaching* es su propia condición de "vis a vis" (o 1–2–1, transliteración de "One To One").

★ El directivo no se siente puesto en evidencia, como puede ocurrir en los entrenamientos en grupo, y desaparece el miedo a que su imagen quede dañada al exponer sus dudas.

★ El *coaching* se desarrolla en un clima de absoluta confianza y confidencialidad. Sólo así, de esta manera, durante una sesión de *coaching*, pueden ser abordados todos los asuntos.

★ Se sigue un proceso totalmente personalizado.

★ Al tratarse a menudo una persona externa a la organización, el *coach* ayuda a desarrollar una adecuada percepción de la realidad y a que la persona se posicione desde una perspectiva más amplia y menos individual a la hora de abordar las distintas situaciones. Todo ello conduce a la búsqueda de soluciones desde otros puntos de vista antes no contemplados.

Condiciones previas dentro de la organización:

Es deseable que, en toda empresa que desee una aplicación eficaz de un proceso de *coaching* para sus directivos, con anterioridad, se haya impartido un entrenamiento en grupo sobre liderazgo, con el objeto de que un gran cúmulo de criterios estén ya aclarados de antemano.

Perfil teórico del *COACH*

★ Amplio y profundo conocimiento del mundo de la organización.

★ Capacidad de generar una relación de confianza, desde la credibilidad (que sólo se consigue con honestidad), "asertividad", comprensión...

★ Buen comunicador y con habilidades de comunicación bien desarrolladas, sobre todo la de la escucha activa.

★ Capacidad de análisis y de encontrar las relaciones efecto–causa que concurren en cualquier acción, así como capacidad para generar un plan de desarrollo personalizado y eficaz.

★ Capacidad de encontrar, no las respuestas adecuadas, sino las preguntas adecuadas para las distintas situaciones que pueda plantearle su cliente.

★ Capacidad para encontrar las oportunidades en las "pequeñas" acciones del día a día y no en las grandes acciones empresariales.

★ Capacidad para captar y tener en cuenta las variables organizacionales que rigen la cultura en la que se encuentra la organización, las cuales condicionan el contexto en el que puede desarrollar su actuación como *coach*.

★ Perspicacia para tener en cuenta las metas y los valores personales de los directivos sobre los que actúa, así como los suyos propios.

★ Capacidad de mostrarse como un modelo de confianza, comunicación, motivación y dirección.

Cómo desarrollar un proceso de *Coaching*

Es fundamental la elección de los directivos o de las personas "clave" en los que la organización tiene el interés de realizar un *coaching* de desarrollo de la excelencia individual y directiva. Los interesados siempre tienen que estar de acuerdo en realizar el proceso, lo cual –por otra parte– les exigirá un trabajo adicional y ciertos compromisos con su mejora profesional.

Primeras conversaciones

En esta instancia se realiza un diagnóstico concreto que detalle el nivel adquirido de cada uno de los hábitos buscados en el directivo. Este diagnóstico se efectuará mediante una conversación personal y, en ocasiones, a través de una serie de cuestionarios. Uno de estos cuestionarios mide el nivel de desarrollo que tiene la persona en cada uno de los hábitos directivos, exceptuando el del autodesarrollo, para el cual se administrará un cuestionario de personalidad.

Dicho diagnóstico, obviamente, es siempre personal y absolutamente confidencial, está dirigido únicamente a la persona que va a realizar el proceso de *coaching*.

Conversación de feedback

Se hablará con el directivo para explicarle lo que se ha observado, los hábitos que tiene desarrollados de manera más o menos óptima y aquellos otros en los que conviene que mejore. La finalidad de esta conversación es contrastar si el cliente tiene esa misma percepción de su problemática y si está de acuerdo en trabajar en esos puntos en concreto. En caso de que no exista coincidencia en ambas ópticas, habría que seguir dialogando con esta persona para ver en qué temas piensa que debería mejorar.

En esta misma conversación, ya se le suministran las instrucciones para que elabore personalmente su plan de desarrollo.

En la propia conversación para fijar los objetivos de desarrollo a partir del diagnóstico y del plan personal, se realiza un contrato donde el *coach* se compromete a ayudar a la persona a conseguir esos objetivos y, paralelamente, el *coachee* se compromete a trabajar para el mismo fin.

Hasta aquí, las conversaciones suelen ser de una hora y media de duración. A veces, incluso algo más (conversación de diagnóstico, de validación de diagnóstico y de establecimiento de objetivos).

Conversaciones de desarrollo

A partir de aquí, proseguirán una serie de conversaciones de alrededor de una hora, con un intervalo mensual. En estas conversaciones ya se trabajará a fondo sobre los objetivos fijados, se irán desarrollando poco a poco, poniendo en práctica, revisando y, en suma, se irá confirmando si el plan de acción trazado es efectivo o no. De no ser así, se revisará el diagnóstico y la manera de trabajar sobre los objetivos, buscando siempre la excelencia en el proceso de *coaching*.

El *coach* siempre queda a disposición del *coachee*, vía correo electrónico, por ejemplo, pero dentro de un marco previamente prefijado; si no es así, el *coach* se convierte en un confesor, en un paño de lágrimas, en un terapeuta del *coachee* y, claro está, estos roles no tienen nada que ver con el *coaching*.

El proyecto global no será superior a un año, con flexibilidad, según las necesidades. O bien, no superará las cinco conversaciones, también con flexibilidad, en función de cada necesidad específica detectada.

COACHING DIRECTIVO

Hemos de ser pragmáticos por lo que, en ocasiones, la noción de "coaching" se extiende a lo que podríamos llamar "coaching directivo", que es un planteamiento menos socrático, pero que a veces, por razones de coste, de tiempo y de cultura empresarial, constituye el único abordaje que en ese momento se puede poner en práctica.

Desde luego, se trata de una opción, siempre que no nos autoengañemos pensando que se trata de un *coaching* "puro".

Las empresas que se sirven de *coachs* para ayudar a que sus altos directivos sean más eficaces deben trazar sus propios rumbos. Nadie ha demostrado aún de manera concluyente qué es lo que hace idóneo a un *coach* directivo. No existen barreras a la entrada, muchos supuestos *coachs* directivos saben bien poco de negocios y algunos, incluso, no saben demasiado sobre *coaching*.

Históricamente, durante siglos, las organizaciones prosperaron mientras trataban a sus *coachees* como mera materia prima.

En este contexto, los *coachees* constituían "peones", una condición apenas por encima de la de los caballos o los bueyes.

Lo que podría denominarse "la rehumanización" de los directivos se inició en la década de los 70, cuando sucesivas oleadas de cambio, incluyendo la globalización de la competencia, una creciente exigencia de servicios y la aceleración y reestructuración de los procesos empresariales mediante la tecnología de información demolieron las hasta entonces organizaciones tradicionales.

Paralelamente, los directivos de algunas organizaciones "más ligeras" y dinámicas empezaron a reconocer la necesidad de contar con un conjunto más sutil de habilidades: las de comunicación y de relación, imprescindibles para influir y dotar de energía a los *coachees*, la adaptabilidad para el cambio rápido y el respeto por las personas de diversos trasfondos. Hoy, los directivos esperan y necesitan de cierta inteligencia emocional en sus supervisores y colegas, si bien es verdad que consideran que esta escasea.

Pese a todo el progreso logrado en otras disciplinas alrededor de los negocios, las organizaciones actuales continúan, en general, mal equipadas para resolver muchos dilemas relacionados con sus empleados.

Algunos matices

El *coaching* directivo difiere de otros tipos de *coaching*. Nuestro papel consiste en ayudar a los *coachees*, las personas que reciben el *coaching*, a producir resultados de negocios para sus jefes. El papel del *coaching manager* es también distinto del que se desempeña dentro de la psicoterapia. De hecho, las personas que requieren terapia no suelen ser buenas candidatas para el *coaching*.

Resulta remarcable cómo muchas personas inteligentes, motivadas y responsables, rara vez se detienen a contemplar y a analizar su propio comportamiento. Más propensos a seguir adelante que a reflexionar profundamente, los directivos pueden llegar a alcanzar altas esferas organizativas sin haber abordado sus propias limitaciones. El *coaching* consigue hacerles bajar ese ritmo, los ayuda a que adquieran conciencia y a que perciban los efectos de sus palabras y acciones. Estas habilidades les permiten percibir alternativas en lugar de simplemente dejarse llevar por la mera reacción ante los eventos. El *coaching*, con todo, no termina con la autoconciencia. Es una forma de aprendizaje activo que transfiere habilidades esenciales de comunicación y de relación. El *coaching* estratégico debería integrar el desarrollo personal y las necesidades organizacionales.

El *coaching manager* consiste en intervenciones sumamente personales, realizadas ya sea en equipos o de persona a persona, y suele durar varios meses. Es fundamentalmente una propuesta de negocios. Su propósito es producir aprendizaje, cambio de comportamiento y crecimiento en la persona o en el equipo para beneficio económico de un tercero, el cliente que lo emplea. Todos estamos profundamente comprometidos en ayudar a las personas a llevar mejores vidas, pero el *coaching* sólo tiene éxito cuando ese beneficio se produce como forma adicional a los resultados de negocios.

El *coaching* construye una relación triangular entre quien brinda el servicio, el *coachee* que lo recibe y el cliente que paga las facturas. El cliente es, en realidad, un colectivo que suele incluir al jefe del *coachee* y al propio departamento de recursos humanos. El proyecto está abocado al éxito cuando todos los involucrados concuerdan sobre las metas explícitas que promueven genuinamente sus propios intereses, así como el bien común.

Mucho antes de seleccionar un proveedor, cualquier cliente potencial debe examinarse con sinceridad y preguntarse cuál es el objeto del programa de *coaching*. Las organizaciones pueden adentrarse en éste sin tener ningún plan concebido. Un alto directivo escucha buenas ideas sobre el *coaching* y decide unilateralmente probarlo. O bien, Recursos Humanos concierta el *coaching*, individualmente y en parejas, para aquellas personas que se encuentran en situación crítica.

En todo caso, resulta primordial empezar teniendo claro qué metas importantes queremos promover con el *coaching*. Si usted desea que el *coaching* promueva metas estratégicas o que inculque valores en su organización, piense en cómo va a integrarlo con otras iniciativas y sistemas, tales como compensación, evaluación y asignación de trabajos. Muchos profesionales de Recursos Humanos luchan por sostener programas de *coaching* por sí solos; sin embargo, no deberían hacer eso. Para que el *coaching* atraiga una atención consistente de los que busca ayudar, se requiere del apoyo de la alta dirección y de enlaces visibles con los imperativos de negocios.

Los mejores *coachs* basan su trabajo en el ambiente generado con la persona que está siendo orientada, en sus relaciones en todos los niveles, más los valores, las metas y las dinámicas del negocio del cliente. Un *coach* eficaz ayuda a una persona a conseguir las metas acordadas, mientras transfiere las habilidades y el conocimiento necesario para mantener el desarrollo continuo. Como los buenos padres, los buenos *coachs* fomentan la independencia.

Los mejores *coaches* perciben las verdades ocultas. Tienden a ser curiosos y a formular preguntas poderosas. Resulta crítica la capacidad para dar la vuelta a las piedras y descubrir lo que se oculta debajo, ya que las conversaciones de negocios, a menudo, omiten asuntos esenciales. Por ejemplo, el presidente de una empresa de capital familiar contrató algunas sesiones de *coaching* sin revelarnos que quería que su hijo lo reemplazara como gerente y sin exponernos que otros miembros de la familia en el Consejo de Administración consideraban que el hijo no reunía los requisitos necesarios. Este conjunto de agendas ocultas resultó ser mucho más relevante que los asuntos explícitos que el programa de *coaching* debía abordar.

Coachs consumados con diferente formación, que se apoyan en técnicas sumamente variadas, pueden producir resultados similares. Hasta que un conjunto homogéneo de conocimientos con relación al *coaching* logre aceptación, seguiremos escépticos acerca de los esfuerzos actuales por introducir estándares universales.

Debido a la inexistencia de una credencial universalmente aceptada y fiable para identificar a los *coachs* especialmente capaces, esa tarea requiere de cierta sutileza.

Las referencias de clientes y de personas que han sido orientadas anteriormente siempre precisan de un análisis muy cuidadoso. Con todo, el *coaching* sigue siendo tanto un arte como una ciencia, ejercido en forma óptima por personas de percepción aguda, que poseen diplomacia, buen criterio y, sobre todo, que cuentan con la capacidad para gestionar los conflictos con integridad. Quizá las facultades más importantes para realizar *coaching* sean el carácter y la perspectiva, que provienen tanto de la experiencia personal del *coach* como de su desarrollo formal. Desde luego, también conviene prestar mucha atención a la química prevalente y al ajuste que se produce entre *coach* y el *coachee.*

Los clientes deberían pensar en el *coaching* como un medio para satisfacer las necesidades de desarrollo de los *coachees,* a fin de abordar los posibles problemas y las oportunidades de crecimiento. El *coaching* puede ayudar a los líderes en transición, por ejemplo, a aquellos que están pasando de puestos operativos a posiciones de *staff.* Sin embargo, el *coaching* no puede abordar –ni es conveniente que lo haga– problemas psicológicos profundos, tales como depresión crónica. No es conveniente aceptar problemas que no podemos abarcar ni resolver. Cuando un directivo precisa ese tipo de ayuda, lo idóneo es derivar a esa persona a otro tipo de profesionales.

Sea cual sea la situación, al evaluar a un directivo los clientes debieran cerciorarse de que el *coaching* es un proceso del que el directivo realmente desea participar y que sus esfuerzos por cambiar y por crecer serán apreciados y fomentados por su jefe y sus colegas. Ese apoyo es verdaderamente lo que sostiene e intensifica los beneficios del *coaching*. Los clientes deben, igualmente, considerar los beneficios empresariales específicos que se brindarán. Los clientes experimentados cuentan con menos probabilidad que los recién llegados de invertir dinero en el *coaching* para resolver problemas del personal y, por eso, en general, prefieren concentrar las inversiones de *coaching* en sus mejores *coachees*. Este comportamiento tiene su sentido. Por dos razones. El *coaching* prolongado de persona a persona puede ser mucho más costoso per cápita que muchas otras técnicas de aprendizaje. En segundo lugar, los directivos huyen del *coaching* cuando éste se convierte en un distintivo negativo en sus carreras. La mayoría de los clientes encontrará sencillo decidir si un directivo es lo suficientemente valioso como para justificar el coste del *coaching*.

Algo que resulta básico es confeccionar el plan de acción, un documento vivo que da cuerpo a las metas definidas inicialmente. Recomendamos fijar metas mensurables SMART que el *coachee* pueda conseguir de forma realista.

Las tres partes deben seleccionar metas que maximicen los intereses mutuos. Si el cliente tiene un objetivo estratégico y el directivo tiene un objetivo profesional, por ejemplo, ambas partes debieran identificar conjuntamente una meta que integre ambos objetivos.

No existen formatos estándares ni métricas para establecer planes de acción de *coaching*; el proceso induce a los participantes en el *coaching* a concebir términos que produzcan los resultados específicos que desean. Diseñar planes de acción es un proceso iterativo que debería proseguir a medida que surgen nuevos conocimientos.

Desde luego, siempre conviene estar en disposición de renegociar los planes meses después de haber sido establecidos si se cuenta con nueva información que revele un camino que producirá resultados mejores. Esta adaptabilidad, a veces, sorprende a los directivos acostumbrados a soluciones uniformes y "congeladas".

Discuta lo que tenga que discutir y hágalo con sinceridad. Insista en lograr compromisos genuinos. Identifique conflictos y resuélvalos. Sea explícito.

Pese a su utilidad para ayudar a una persona o a un equipo, el *coaching* más valioso consiste en desarrollar todo el estrato de altos directivos de una organización. En la mayoría de las empresas, el cambio duradero suele avanzar con lentitud, persona a persona, adquiriendo impulso conforme más individuos lo aceptan.

Pero cuando un directivo se compromete con un buen proceso de *coaching*, los resultados pueden ser sobresalientes. Conviene tener en cuenta que comprometerse implica poner en práctica los principios del *coaching*, trabajar como un *coach* en lugar de caer en la tentación de trabajar de forma clásica, como un directivo de toda la vida.

DIFERENCIAS ENTRE DIRECTIVO Y *COACH*

Regresemos por unos instantes a algunas consideraciones más generales sobre el entorno en el cual se desarrolla el proceso de *coaching*.

Nosotros empleamos un modelo propio para ilustrar la ambigüedad existente entre el directivo y el *coach*. En una báscula, tenemos dos platos. El de la izquierda representa "la tarea" (el *what*), el de la derecha "el comportamiento" (el *how*). Todo lo que gastamos en labores directivas va enfocado a "la tarea". Todo lo que invertimos en *coaching* alimenta el plato del "comportamiento". Las palabras clave son "gastar" e "invertir" y, claro está, tienen implicaciones muy distintas. La cuestión y, también, el problema radica en equilibrar ambos platos de la báscula.

Observar al directivo como *coach* y como creador de una cultura para el *coaching* constituye un nuevo paradigma para la dirección. El paradigma habitual (la tarea) tiene que ver con el control, el orden y la obediencia. Este enfoque tiene como consecuencia que las personas sean consideradas y tratadas como mera materia prima. El *coaching*, en cambio, apunta a conceder poder a las personas para que estas revelen sus potencialidades y las apliquen al negocio (el comportamiento).

El *coaching* no es una subespecie de la dirección sino su núcleo esencial; cuando los directivos son realmente eficaces, el *coaching* puede convertirse en la verdadera diferencia entre el directivo ordinario y el extraordinario.

La esencia de la dirección efectiva es bastante empírica. No podemos explicarlo hasta después de que ha ocurrido. No obstante, el saber convencional sostiene que los directivos son más efectivos cuando aplican las técnicas, los principios y las reglas prescritas.

Presuponer que podemos saber qué es lo que produce nivel de resultados y que podemos controlar todos esos factores y variables constituye una de las principales barreras para conseguir mejores resultados.

La dirección efectiva continúa siendo esencialmente el arte de "conseguir que las cosas sean hechas por medio de las personas". Pensar en la dirección como en un arte, más que como en una serie de técnicas, resulta potencialmente más fructífero, ya que lo reconoce como algo más que un mero conjunto de técnicas explícitas.

Cuando se observa lo que hace un directivo eficaz, puede concluirse que un directivo en acción se parece mucho, en cierto modo, a un artista.

Los directivos que prestan atención a qué está ocurriendo, obtienen mejores resultados que los que intentan aplicar técnicas aprendidas de memoria, recetas estándar y modelos racionales.

El resultado del trabajo depende de la calidad de la comunicación (hablar y escuchar) entre el directivo y su equipo de personas. La efectividad del directivo surge del nivel de asociación que se crea entre él y sus colaboradores.

Los gestores efectivos son hábiles en generar un clima organizacional que confiera poder a sus colaboradores. La dirección puede ser vista esencialmente como un arte basado en las personas, que se centra en la creación y en el mantenimiento de un clima, un medio y un contexto que posibilita a las personas la consecución de los resultados y logros deseados.

El *coaching*, por tanto, tal como usamos el término, se refiere a la actividad de crear, por medio de la comunicación, el clima, el medio y el contexto que otorga poder, a las personas y a los equipos, para generar resultados.

Además de estudiar lo que hacen los grandes *coachs*, ¿qué puede hacer un directivo para transformarse en un buen *coach* en el contexto de los negocios? ¿Qué acciones causales producen qué efectos específicos?

Lo que parece incontrovertible es que las empresas necesitan, hoy en día más que nunca, personas que puedan pensar por sí mismas. Y, en el nuevo paradigma del *coaching*, escuchar es el medio primario para proveer el contexto necesario para que aparezca el compromiso, la posibilidad y la acción relevante. Priorizar la escucha en lugar del control ya constituye, de hecho, un cambio en sí mismo.

La comprensión del poder de la relación de *coaching* se basa en considerar que éste representa un cambio fundamental en nuestra manera de pensar la efectividad de la dirección. Este cambio nos otorga la posibilidad de un extraordinario aumento de la efectividad, siempre y cuando estemos dispuestos a poner en tela de juicio algunas de nuestras formas habituales de pensar la dirección de personas.

Efectivamente, se trata de cambiar desde un paradigma preocupado por la autoridad jerárquica, el orden y el control (además de una motivación basada en la inseguridad) hacia un paradigma basado en la cooperación para el logro de resultados y el compromiso, de colaborar para conseguir nuevas posibilidades más que en mantener viejas estructuras.

Querámoslo o no, estamos apegados a un modelo que intenta controlar y, más concretamente, detallar el comportamiento de los *coachees* para mejorar la efectividad, la productividad y la competitividad. Lo que se precisa son personas comprometidas en conseguir excelentes resultados y con poder para hacerlo; el objetivo del *coaching* consiste en hacer aflorar dichas potencialidades.

El *coaching* captura estos rasgos esenciales de un modo que permite a las personas modificar el paradigma de control/orden/prescripción por uno diseñado para reconocer y dar poder a las personas (*empowerment*). Crea un nuevo contexto para la dirección, en el que se promueve una genuina asociación entre directivos y *coachees* de manera que ambos puedan conseguir más de lo que hasta el momento habían imaginado desde la perspectiva de nuestra cultura de dirección tradicional.

Por todo lo dicho, el *coaching* y el *empowerment* se están convirtiendo en una necesidad estratégica para aquellas empresas comprometidas con el éxito. Aunque, desde luego, siempre necesitaremos del gestor, su estilo está evolucionando desde el control y la predicción hasta el *empowering* y la creación del futuro que queremos.

A menudo, se piensa en el *coaching* como algo relacionado con los deportes o las artes vinculadas a la interpretación, ya hablemos de director de una obra de teatro o del director de una orquesta. El interés y el entusiasmo por llevar el *coaching* al ámbito de las organizaciones de negocios es algo relativamente reciente. Existe, no obstante, mucha confusión acerca de qué es realmente el *coaching*, de cuáles son sus diferencias en relación con el gestor y de cómo hacer de él algo realmente singular. Aunque muchos directivos puedan ser, de un modo natural, buenos *coachs*, tradicionalmente existen algunas diferencias fundamentales. Veamos cuáles son.

Diferencias

Directivos	*Coachs*
Se encargan de dirigir y controlar los resultados (lo que se percibe, lo que se ve) de sus colaboradores, para obtener resultados predecibles.	Ven su trabajo como una manera de "dar poder" a las personas para que éstas obtengan resultados sin precedentes.
Tienen y están enfocados a objetivos previamente definidos.	Están orientados a los compromisos de las personas a las que realizan coaching y alinean los objetivos personales con los objetivos comunes de la organización.
Tratan de motivar a las personas.	Insisten en que las personas se motivan a sí mismas.
Son responsables de las personas que dirigen.	Exigen que las personas a las que realizan coaching sean responsables de sí mismos.
Obtienen el poder a través de la autoridad de su cargo.	El poder lo obtienen a través de sus relaciones con las personas a las que realizan el proceso y de sus compromisos mutuos.

Se centran en qué es lo que anda mal y por qué suceden las cosas.	Buscan lo que "está faltando".
Miran el futuro basándose en predicciones.	Miran el futuro como una posibilidad.
Lideran equipos.	Crean posibilidades para que otros lideren.
Determinan qué puede hacer el equipo.	Proponen compromisos novedosos y luego planifican cómo realizarlos.
Solucionan problemas teniendo en cuenta los límites y obstáculos.	Utilizan los límites y obstáculos para obtener resultados sin precedentes.
Se centran en técnicas para que las personas hagan el trabajo.	Proveen a las personas de una manera de examinar posibilidades y de elegir por sí mismos.
Utilizan premios y castigos para controlar comportamientos.	Confían y permiten a los coachees que decidan su propio comportamiento.
Son razonables.	Son irrazonables.
Piensan que las personas trabajan para ellos.	Trabajan para las personas a las que les realizan coaching.
Les puede gustar (o no) las personas que gestionan.	Lo mismo no es relevante.

Buscan resultados y pueden estar de acuerdo (o no) con las razones por las que suceden.	Buscan los resultados y observan si las acciones son consistentes con los compromisos de las personas.
Mantienen y defienden la cultura organizacional existente.	Crean una nueva cultura.

Tipos de *coach*

Asimismo, no existe un único formato de *coach*. Existen varios modelos de *coach*:

Coach externo

Es un proveedor más de la organización. Presenta como particularidad la posesión de una visión o de una perspectiva externa. En este sentido, no existe la posibilidad de iniciar juegos de poder o afectivos sobre las personas que rodean al receptor del *coaching*. La variedad de sus experiencias en distintas organizaciones aporta a este tipo de *coach* puntos de referencia que lo guían en el acompañamiento de la persona.

Una de las limitaciones de esta modalidad de *coaching* se da cuando el *coach* no ha participado en la determinación de los objetivos y tampoco se encuentra presente en el seguimiento o evaluación. Esta situación puede conducir a que el receptor del *coaching* "afloje" e incluso suspenda el *coaching* en curso sin que el *coach* pueda apoyarse en alguien interno de la organización para ayudar a que el receptor se vuelva a movilizar. Todo ello supone una importante pérdida de recursos, ya que este tipo de *coaching* suele ser costoso.

Coach interno

Se trata de un empleado de la propia organización, sujeto a sus reglas internas. Su fortaleza estriba en que conoce a fondo estas reglas y su punto débil en el propio hecho de haberlas internalizado. Como el *coach* pertenece a la misma empresa que el receptor, posee la misma cultura empresarial. En determinadas ocasiones, puede tener dificultades para ayudar al receptor a adquirir perspectiva en situaciones difíciles, al estar confrontado a las mismas restricciones. Otro aspecto a considerar es la proximidad relacional del *coach* con los superiores y con los compañeros de la persona receptora, lo cual puede dificultarle garantizar una verdadera neutralidad afectiva.

Sin embargo, un indudable elemento positivo del *coaching* interno es su permanencia en el tiempo. En efecto, si se desea profundizar en el análisis, uno puede repetir el proceso para consolidar de esta manera un comportamiento aún por mejorar. No obstante, su presencia permanente puede generar un riesgo de dependencia del *coachee* hacia el *coach*. Como hemos referido, esta dependencia resulta incoherente con uno de los principios básicos del *coaching*.

El directivo coach

Al igual que el *coach* interno, hablamos en este caso de una persona asalariada y sujeta a las reglas, cultura y juegos políticos de la organización. A diferencia de este, sin embargo, el directivo *coach* se coloca jerárquicamente en una escala superior y es *coach* de sus colaboradores. En este sentido, posee un doble rol: se centra en los resultados a corto plazo (el ***what***) y, al mismo tiempo, es socio de su desarrollo, es decir, se centra en su acompañamiento (el ***how***). Ello implica la necesidad de prestar un extremo cuidado para no confundir los roles, ya que para un colaborador puede resultar tremendamente confusa la intervención de este tipo de *coach*.

En ese caso, la clave radica en trabajar en primer lugar con el directivo, para que contemple el *coaching* como una técnica de dirección similar a cualquier otra técnica y evite, de este modo, caer en ambigüedades.

Estas ambigüedades son aún más sensibles si los contactos son diarios, si las personas pertenecen al mismo equipo de trabajo y si el lugar donde se realiza el *coaching* es en la propia oficina del directivo. Conviene, pues, ser plenamente consciente de las limitaciones de esta práctica.

Efectivamente, ¿cómo puede el directivo *coach* conservar la neutralidad necesaria para la buena marcha de un proceso de *coaching* (de aprendizaje)?

Aprendizaje en adultos

Se puede apreciar que, a fin de cuentas, el *coaching* es una manera de aprender destinada a adultos.

Hasta hace muy pocos años, "aprendizaje" y "educación" devenían en conceptos que automáticamente nos hacían pensar en niños y adolescentes. No obstante, niños, adolescentes y adultos, todos, aprendemos constantemente a lo largo de nuestra vida. Justamente, las evidentes diferencias entre adultos y niños nos hicieron pensar durante mucho tiempo en que el aprendizaje y la educación eran exclusivos de los infantes.

Existen dos disimilitudes principales entre el aprendizaje de niños y adultos: la primera está relacionada con la madurez mental y los procesos cognitivos que nos facilitan hacer inferencias más allá de la información recibida. La segunda se centra en la experiencia acumulada.

Si bien los adultos tenemos −supuestamente− la capacidad para realizar esta evaluación y decidir lo mejor para nosotros, no siempre emitimos este comportamiento. ¿Cuántas veces hemos pensado que no debemos hacer algo pero, al formar parte de nuestra rutina, lo llevamos a cabo? ¿A quién no le ha sucedido que quiera decir algo, pero sienta la presión social que nos "exige" que digamos otra cosa y, por lo tanto, finalmente decimos lo que esperan de nosotros y no lo que realmente queríamos decir?

El *coaching* está en línea con los conceptos de aprendizaje de adultos, ya que, como hemos visto, por más que los adultos tengamos la posibilidad de ser críticos con nuestras decisiones y con nuestro aprendizaje, eso no significa que necesariamente lo seamos. Las razones pueden ser variopintas: la rutina, la pereza, la falta de costumbre, poseer una baja autoestima, etc.

En los adultos, el *coaching* viene a facilitar este aprendizaje. El *coach* trata de reflejar la realidad del *coachee*, sirviendo de espejo para que el adulto adquiera conciencia de su realidad y pueda ser dueño de sus acciones. Las personas que han participado en procesos de *coaching* sienten que tienen el derecho a decidir por sí mismas y asumen la responsabilidad de sus acciones.

A continuación, vamos a profundizar en el contexto económico y social que está posibilitando que se acepte este planteamiento. Ya hemos avanzado una clave importante: si no existe presión externa, nadie se replantea sus modelos de aprendizaje. En otras palabras, nadie sale de su zona de confort.

Para salir de la zona de confort, hemos de ser "provocados", y una forma muy sencilla de hacerlo es a partir de preguntas.

PEDAGOGÍA DEL *COACHING*

La metodología basada en las preguntas es, por su naturaleza, la más sencilla. Nos devuelve a nuestra infancia al estimular nuestra curiosidad, ya que no siempre contamos con plena conciencia de nuestros hábitos. Por eso, el buen *coach* se ocupa de formular buenas preguntas, provocando así la reacción de su *coachee*.

La grandeza del *coaching* reside en la posibilidad de poder establecer una confrontación guiada, y según una determinada metodología, entre el *coach* y el *coachee*, de forma que esta función tutora se convierte en guía, asistente o cuestionadora. Por el camino de la deducción, el "cliente" va llegando por sí mismo a sus propias conclusiones y, finalmente, hacia un conocimiento tácito, que es el único que integra en sí mismo. La filosofía de este método es, obviamente, socrática y se basa en la ya mencionada "mayéutica".

El trabajo de un *coach* podríamos dividirlo en tres partes. La primera parte sirve para establecer conjuntamente los objetivos que se pretenden alcanzar. Es bien sabido que no todas las personas son iguales, ni reaccionan exactamente de la misma forma a pesar de que los estímulos existentes sean idénticos. Por tanto, el trabajo siempre ha de estar personalizado a cada discípulo. Esto implica conocerlo, empatizar con él, establecer un vínculo de comunicación.

La segunda parte tiene que ver con el trabajo conjunto, con la observación presencial, con las recomendaciones y con muchas preguntas que van dirigidas a buscar la deducción individual. Esta fase suele prolongarse durante varios meses, con una asistencia más continuada los primeros meses y más dilatada después, a fin de contrastar los resultados.

El *coach* es un observador activo que cuestiona, interroga, enseña incluso a preguntar, pero que se abstiene en todo momento de establecer conclusiones. A menudo, ni siquiera proporciona respuestas. El *coachee* que realmente aprende se percata por sí mismo de qué hace mal. Por lo que el *coach*, a menudo, ni siquiera prescribe, y sólo se limita a observar y a poner en evidencia.

La última fase es la de la evaluación y la del mantenimiento. Resulta habitual que en un proceso de *coaching* se creen vínculos entre las partes, aun habiéndolo realizado muy profesionalmente. La tentación de acudir al *coach* siempre es proporcional a los intereses de mejora permanente del *coachee*. No obstante, si la lección ha sido bien aprendida, una gran parte del trabajo, en el futuro, tendrá que hacerlo el *coachee* por sí mismo.

Mentoring

Al hablar de modelos de aprendizaje, conviene aclarar un aspecto recurrente. Dos de las estrategias más practicadas y conocidas son el *coaching* y el *mentoring*, dos términos muy de moda y en boca de casi todos los profesionales que integran nuestras organizaciones. Pero ¿tenemos claro realmente cuál es la diferencia existente entre estos modelos?

Cuando está circunscrito a la relación jefe–colaborador, el *coaching* es un proceso liderado por un superior inmediato (que actúa como *coach*) que pretende mejorar el rendimiento de una persona en su puesto de trabajo, con el propósito de alcanzar los objetivos de ambos. Existen, además, otros tipos de *coaching* liderados por personas externas a la organización que persiguen desarrollar determinadas habilidades directivas. Algunos hablan del estilo *hands–off*.

El *mentoring*, en cambio, es un proceso mediante el cual una persona con más experiencia (el mentor) enseña, aconseja, guía y ayuda en el desarrollo personal y profesional a otra persona (el denominado "tutelado", equivalente al *coachee* de la primera disciplina), invirtiendo tiempo, energía y conocimientos. Aquí se habla más de estilo *hand–on*.

Las situaciones en las que se requiere aplicar una estrategia de *coaching* o de *mentoring* son bastante similares. La gran diferencia es que mientras la primera es más apropiada para desarrollar habilidades ya existentes en la persona, el *mentoring* posee como objetivo principal la captación, la retención y el desarrollo del talento existente dentro de nuestra organización.

No obstante, *coaching* y *mentoring* comparten algunos conceptos. Pero ¿cuáles son, en concreto, los beneficios del *mentoring* para la organización?

La empresa se beneficia porque el personal que la integra se mantiene más positivo, participativo e integrado. Aumenta el rendimiento, la productividad y la motivación de los colaboradores y, consecuentemente, se produce una mayor retención del personal y también atracción. Además, puede reducirse el coste de la formación y el desarrollo dado que las personas aprenden en el propio puesto de trabajo.

Un programa de *mentoring*, cuando el proceso es satisfactorio, puede ampliarse a otras personas de la empresa. Por regla general, el reclutamiento es a menudo más sencillo, ya que un proceso de estas características muestra el compromiso que tiene la empresa con las personas que la integran.

En suma, los beneficios más comunes y generales para la organización que aplica un programa de *mentoring* son muy similares a los del *coaching*:

★ Mejora el rendimiento y productividad de los mentores y tutelados.

★ Favorece el clima organizacional.

★ Optimiza la selección y el desarrollo de nuevos talentos.

★ Desarrolla a los futuros líderes.

★ Promociona a directivos estáticos.

★ Recluta y retiene a personas con alto potencial y altos niveles de habilidades.

★ Reduce la rotación del personal.

★ Aumenta el aprendizaje de los tutelados sobre los clientes y el negocio de la organización, la política y filosofía de la organización y el *know–how*.

El perfil del mentor es distinto a la del *coach*. Si bien el *coach* clásico puede ser un generalista, a la hora de hablar del mentor es necesaria alguna especialidad, bien sea técnica, bien sea centrada en habilidades.

El éxito del programa depende, en gran medida, de las personas que participan en él. Para ello, es necesario realizar una cuidadosa selección del equipo responsable y también de los participantes del programa. Como ya hemos señalado, el mentor es una persona que está dispuesta a invertir tiempo y energía, a comprometerse con el proceso y a compartir su conocimiento y su experiencia. Es aconsejable, además, que posea una experiencia anterior positiva ya sea como mentor o bien como tutelado, una buena credibilidad dentro de la organización, sólidas habilidades interpersonales y un genuino interés en el desarrollo de personas.

La búsqueda de mentores no es una tarea sencilla, requiere invertir tiempo y esfuerzo. Para realizar esta búsqueda, no hay que centrarse únicamente en los altos cargos de la organización, sino también en todo el personal que la compone y que desee ayudar a los demás y colaborar en nuevos proyectos. Al igual que en el caso del mentor, lo idóneo es obtener en los tutelados el mayor número de cualidades y ayudarlos a desarrollar aquellas que tienen menos potenciadas.

Todas las personas de la empresa pueden beneficiarse del programa de *mentoring*. Lo más aconsejable es administrar un cuestionario para que lo completen todos aquellos que deseen ser tutelados. La elección del tutelado variará en función de los criterios de la organización.

Para conseguir el éxito en un proceso de *mentoring*, resulta vital la figura del coordinador. El rol de coordinador de un programa de *mentoring* consiste en que éste sitúe y mantenga la finalidad y los objetivos del proceso en primer plano, tanto para los participantes como para la organización. Obviamente, el coordinador ha de tener un conocimiento de la empresa y unas habilidades interpersonales excelentes. No en vano, parte de su función estriba en evitar los problemas que puedan surgir entre mentor y tutelado y, en el caso de que estos se produzcan, ser rápido en su gestión y resolución, así como en el aseguramiento de que tal situación desaparece. Sus principales cometidos consisten en ayudar en la selección, evaluación, emparejamiento y orientación de los mentores y tutelados.

Ahora bien, **no** es en absoluto incompatible incluir una parte de *mentoring* dentro de un proceso de *coaching*, si determinamos que el *coachee* requiere el desarrollo de una habilidad en particular para poder seguir avanzando. Simplemente, esta parte ha de ser claramente diferenciada.

COACHING VIRTUAL

Una variante o complemento –parcial– reciente es el denominado "coaching virtual". Es la aplicación del *coaching* presencial a través de las nuevas tecnologías, mediante la utilización de plataformas y de entornos multimedia específicos que permiten la interactividad, la confidencialidad, el análisis, la reflexión, la confianza y el apoyo propios de la relación entre *coach* y *coachee*.

Desde luego, estamos hablando de algo mucho más amplio que la ayuda que se pueda prestar a otra persona utilizando simplemente el correo electrónico, una lista de correo o desde una *web* donde un grupo de profesionales responde a preguntas aportando sus conocimientos.

Puede verse como algo complementario al *coaching* presencial, pero estamos firmemente convencidos de que no lo remplaza en absoluto.

Algunas de sus ventajas son:

★ Consigue que el *coachee* mejore su desempeño.
★ Se trata de un proceso de reflexión y entrenamiento individualizado.
★ Facilita nuevas lecturas y percepciones.
★ Permite una mayor confidencialidad.
★ Facilita la generación de sabiduría.
★ Permite superar las barreras de tiempo y distancia.
★ Reduce los costes de *coaching*.
★ Abre nuevas posibilidades hacia los *coachees*: en distintos niveles jerárquicos, además de los puestos directivos.
★ Se complementa fácilmente con el *e–learning*, creando sinergias positivas.

★ En programas de *e–learning*, permite trabajar la variable actitudinal y emocional con mayor éxito.

★ Facilita el análisis y la reflexión.

★ Permite una mayor agilidad en el proceso.

Recalquemos, una vez más, que este tipo de *coaching* no remplaza al *coaching* "físico".

2— El entorno

El cambio

Como hemos incidido anteriormente, el *coaching* consiste en un proceso, un proceso que nos permite afrontar un entorno cambiante. Si no hubiese cambio, no se tendría la necesidad de hacer *coaching*. Pero bien sabemos que el entorno varía a una velocidad cada vez mayor.

Tratamos de subrayar que "coaching" y "cambio" son dos palabras indisociables. El *coaching* generará un cambio interno en nosotros mismos, que nos permitirá lidiar con el cambio externo. Sin embargo, el cambio no es algo que resulte agradable. Además, también constituye un proceso, no se trata nunca de un hecho aislado. Todas las personas atravesamos cuatro fases diferentes a la hora de enfrentarnos a él:

1. Negación

Cuando se produce el cambio, la primera reacción es la negación inmediata: "¿De quién fue esa idea tan estúpida?". "Eso jamás funcionará aquí". "No hay de qué preocuparse porque ellos reconocerán su error y las cosas volverán a ser como antes". Es una actitud similar a la conocida política del avestruz.

2. Resistencia.

En algún momento, usted se percata de que el cambio está ahí. No obstante, esa aceptación no significa que tenga que vivir el cambio sin mover un dedo.

"Continuaré haciendo mi trabajo como siempre. Si ese sistema ha funcionado hasta ahora, seguirá siendo bueno". La resistencia es una reacción perfectamente normal frente al cambio; todo el mundo la experimenta. La clave radica en no permitir que esa resistencia genere estancamiento. Cuanto antes ponga en marcha el programa, mejor será para la organización y mejor será para usted.

3. Exploración

Llegado a este punto, usted ya sabe que de nada sirve resistirse y que la nueva forma de hacer las cosas puede incluso tener sus ventajas.

"Hummm... bueno, quizás ese cambio tenga realmente sentido. Veré qué oportunidades me permitirán aprovechar el cambio en lugar de que este vaya en mi contra". Durante esta etapa, usted examina las cosas buenas y las malas derivadas del cambio y escoge su estrategia para gestionarlo.

4. Aceptación

La última etapa del cambio consiste en la aceptación. Llegado a este punto, usted habrá logrado integrar el cambio en su rutina. "Vaya, este sistema nuevo realmente funciona muy bien. No tiene punto de comparación con la forma en como hacíamos las cosas antes". Ahora el cambio que usted negó y al cual se resistió con tanta vehemencia forma parte de su rutina diaria; el cambio se ha convertido en el *statu quo*.

Al atravesar todas esas reacciones ante el cambio, el círculo se cierra y usted ya está listo para el siguiente desafío.

Además, se produce una mirada más integral del ser humano como ser complejo que debe centrar su participación en la organización, a partir de sus ideas, de su creatividad y de su innovación.

Conviene recordar que...

1. Autoridad: es el derecho que se le confiere a una persona en un puesto para ejercer con discrecionalidad la toma de decisiones que afectan a otros. La autoridad la tiene el jefe.

2. *Poder:* es la capacidad que tienen las personas o grupos para inducir o influir sobre las convicciones o acciones de otras personas o grupos. El poder lo tiene el líder/ *coach.*

Parece de todo punto evidente que gestionar personas como se hacía anteriormente resulta obsoleto, implica considerar que las cosas van a permanecer como siempre, suponer que nada nos va a pasar. Nuestra economía proteccionista, en esta cultura occidental, se ha centrado en la gestión del hacer –el *what*–, en que las personas hagan lo mejor posible lo que se les diga que tienen que hacer y en que no puedan hacer nada distinto sin solicitar el consabido permiso. Así, cuando aparecen problemas, las personas no los abordan y resuelven por ellos mismos sino que acuden al jefe para exponerle el asunto o la queja y al final le preguntan: "Jefe, ¿qué hago?". En esta situación, el jefe piensa por el colaborador y comunica explícitamente lo que éste tiene que hacer.

La gestión del ser –el *how*– es la respuesta para administrar los nuevos paradigmas. La gestión del hacer –el *what*– nos ha conducido a concebir las personas como un recurso más de la organización junto con el capital, la tecnología, la información. Identificamos a las personas como recursos humanos, limitándolos a que hagan solamente aquello que está programado, negándoles en cualquier caso de forma rotunda el derecho a pensar por sí mismas. Así, en muchas organizaciones se ha desarrollado una cultura deshumanizante, donde los colaboradores no son como son, sino como el jefe quiere que sean. ¿Por qué si no la palabra "compromiso" iba a tener tanta vigencia?

En esta cultura, el empleado sólo hace aquello que le han dicho que haga y no va más allá; obviamente, con este proceder no se manifiesta el potencial de las personas. Sin embargo, la organización paga un precio muy alto por ello.

Los directivos modernos, en cambio, reconocen y valoran la contribución que los colaboradores pueden realizar y tratan de estimularlos y de generar el ambiente propicio para que sus talentos creativos puedan emplearse en beneficio de todos. Sin lugar a dudas, en todos los niveles de la empresa puede producirse el pensamiento creativo. Las buenas ideas para mejorar la organización, lo mismo que para resolver problemas en el lugar de trabajo, surgen en cualquier equipo o persona, desde el operario de una máquina hasta el presidente de la organización. Estas ideas deben evaluarse y llevarse a la práctica cuando lo merezcan.

La creatividad simplemente es la forma más intensa de pensamiento por medio de la cual, con la eliminación de las barreras o bloqueos mentales, se obtienen alternativas de solución para los problemas, se plantean nuevas ideas de utilidad social o se hacen los preparativos para el futuro.

Por eso, para enfrentarse a los retos del mundo contemporáneo, se necesitan directivos que puedan combinar efectivamente el pensamiento racional y lógico con la visión creativa y el juicio intuitivo. Por esta razón, debiera modificarse la tendencia imperante en la educación hacia el racionamiento analítico, con una exclusión casi total del razonamiento intuitivo, y dejar suficiente espacio a la intuición y al desarrollo del pensamiento creativo.

Además, el proceso creativo se hace más productivo con la utilización de listas de comprobación, la apreciación del valor de las ideas, la solicitud y el intercambio de estas, el patrocinio de la diversidad de intereses y la satisfacción de las necesidades individuales. Las operaciones rutinarias y tediosas, en las cuales hay una mínima participación del pensamiento, impiden la creatividad. Y sin creatividad, podemos tender a encontrarnos desamparados ante el permanente cambio que, como sabemos y padecemos, se viene acelerando en las últimas décadas.

CAMBIO Y NUEVAS HABILIDADES

Pensemos por un momento en los cambios acaecidos en el entorno económico empresarial en las últimas décadas. Es verdad que son innumerables, pero ¿qué han hecho las empresas para sobrevivir y desarrollarse en este entorno turbulento? La principal respuesta pudiera encontrarse en la búsqueda por potenciar y rentabilizar el conjunto de activos que poseen. Lo más clásico, probable y fácil consiste en una focalización natural hacia los activos económicos o financieros o, tal vez, hacia la tecnología. Pero ¿garantiza necesariamente esta orientación una ventaja competitiva? El hecho de negarse al cambio probablemente no sea una buena solución, máxime cuando dicho cambio exige que **nosotros** cambiemos.

En este entorno cambiante, el valor de una organización ya no reside en sus bienes tangibles o tecnológicos. En la práctica empresarial industrial tradicional, los activos físicos se consideran la base del éxito y del valor de la organización y se evita, en ocasiones de forma involuntaria, recurrir a otros activos, que no son valorados en su dimensión adecuada.

Esto, hoy en día, está lejos de ser así. Conviene centrarse en los conocimientos científicos, técnicos y especializados, en la experiencia, en las habilidades, en las capacidades y potencialidades de nuestros recursos humanos, de las personas. De esta manera, cada vez son más las empresas que se están desarrollando sobre la base de lo que saben hacer y no sobre lo que producen.

Actualmente, activos tales como patentes, licencias, productos, servicios, *know–how* y capacidades organizativas y sus incrementos productivos se basan en capacidades de innovación permanente relacionadas con la aplicación del conocimiento.

Una organización capaz de descubrir y de administrar estas capacidades habrá dado un gran paso para reconvertir este capital intelectual en capital financiero rentable y sostenible en el tiempo, generando con ello una ventaja competitiva propia. No obstante, para que el conocimiento se convierta en una fuente de ventaja competitiva, no es suficiente con reconocer su mera existencia. También conviene captar ese conocimiento, distribuirlo, almacenarlo, compartirlo y utilizarlo. Estamos hablando aquí de gestión del conocimiento.

Y es justamente en este punto donde interviene el *coaching* que, a pesar de no añadir conocimiento, interviene como catalizador.

Se han identificado, en el contexto empresarial, por lo menos, tres dimensiones del conocimiento.

1. Por una parte, se define el "capital relacional" como el valor generado gracias al intercambio de información con agentes externos como, por ejemplo, clientes y proveedores.

2. Es posible, también, reconocer el capital estructural como el valor del conocimiento generado en la organización y que se traduce en su capacidad de ser productiva y que está determinado, entre otros aspectos, por la cultura organizacional, las normas, los procesos, las marcas, los desarrollos tecnológicos, etc.

3. La tercera dimensión la aporta el capital intelectual o el valor del conocimiento creado por las personas que integran la organización, sus potencialidades, su capacidad de aprendizaje, sus habilidades, su desarrollo, su experiencia, etc.

En una época caracterizada por la información y por los cambios, existe una clara exigencia para que las organizaciones replanteen constantemente sus interacciones con el entorno y busquen diferencias estratégicas. De esta forma, generan nuevo conocimiento mediante la experiencia y el aprendizaje, al identificar y calificar las nuevas fuentes de conocimientos y procurar dotarse de la capacidad de administrarlas correctamente.

Así, resulta posible el desarrollo de una organización que esté basada en el conocimiento, que se caracteriza por su capacidad para captar, analizar, distribuir y gestionar la información interna y transformarla en conocimiento que añada valor a todo lo que hace. Obviamente, esto resulta totalmente imposible en una organización en la que los objetivos no contemplan el desarrollo personal y profesional de sus *coachees* y se menosprecia la consideración de la búsqueda continua del aprovechamiento del potencial de la innovación.

Examinemos, pues, cuáles son las pistas a explorar.

Desarrollar el potencial

"Empowerment" significa crear un ambiente en el cual los coachees de todos los niveles sientan que tienen una influencia real sobre los estándares de calidad, de servicio y de eficiencia del negocio dentro de sus áreas de responsabilidad. Esta percepción genera un compromiso (por parte de los coachees) que posibilita alcanzar las metas de la empresa con un sentido de compromiso y de autocontrol. Por otra parte, este modelo implica, además, que los gestores están dispuestos a renunciar a parte de su autoridad y entregarla a sus coachees y a sus equipos.

Coachees, administrativos o equipos de trabajo detentan el poder para la toma de decisiones en sus respectivos ámbitos y esta potestad implica la aceptación de responsabilidad por sus acciones y por sus tareas.

Una fórmula clásica

$$Poder = responsabilidad$$

Si el poder es mayor que la responsabilidad, el resultado aboca a un comportamiento autocrático del superior a quien no se hace responsable por sus acciones. Si la responsabilidad es mayor que el poder, el resultado conduce a la frustración de los *coachees*, ya que carecen del poder necesario para desempeñar las actividades de las que son responsables.

La situación entonces se caracteriza por lo siguiente:

★ Los *coachees* se sienten responsables no sólo de su tarea, sino de hacer que la organización funcione mejor.

★ La persona se transforma en un agente activo de solución de sus problemas.

★ El empleado toma decisiones en lugar de ser un simple receptor de órdenes.

★ Las organizaciones se diseñan y rediseñan para facilitar las tareas de sus integrantes.

★ Pero todo esto **no** es, en absoluto, un proceso natural ya que, como hemos señalado, hacer *coaching* requiere cambiar.

APRENDIZAJE, CAMBIO Y CULTURA

Entonces, ¿qué sucede si no integramos el *coaching* dentro de un modelo de cambio?

Con facilidad, puede suceder lo siguiente. Las tasas de mortalidad empresarial son altas, pero los suicidios empresariales son raros. ¿Cuáles son las causas de los fallecimientos? En algunos sectores, la respuesta es evidente: las organizaciones mueren porque cambia el entorno. Sin embargo, lo cierto es que el entorno cambia para todas. Esta situación alude a la célebre parábola organizacional de la rana en la olla.

Cuando el *know–how* de una organización, su gama de productos, sus relaciones laborales están en armonía con el entorno, la tarea de la dirección se convierte en una mera asignación de recursos. Los recursos humanos y financieros se asignarán a aquellas partes de la empresa que se hallen mejor colocadas para sacar provecho de un entorno estable. La otra cara de la moneda indica que, cuando el entorno es inestable, las políticas de crecimiento deben ser sustituidas por políticas de supervivencia.

Con frecuencia, el cambio de una política a otra fracasa. En la euforia de la expansión, cuesta percibir adecuadamente los cambios del entorno u, otras veces, se contemplan como lo que no son. Además, en el periodo de bonanza, la parte de la organización que más se benefició de la situación se ha hecho más poderosa e independiente. Las empresas insisten con reiteración en aquellas políticas que durante largas épocas produjeron buenos resultados y, sin darse cuenta, entran en crisis ¿Por qué? ¿Por qué las organizaciones no perciben los signos de cambio?

Sin duda, nos encontramos ante una cuestión para la que es importante encontrar una respuesta. La naturaleza humana se resiste al cambio, lo que, en principio, es bueno para no acometer "el cambio por el cambio". No obstante, cuando el cambio es una exigencia para la supervivencia, se exige superar la resistencia y la forma de hacerlo suele resultar dolorosa.

En situaciones de crisis, cuanto más profundas sean éstas, más se carece de tiempo y también de opciones. Y, sin embargo, existe un gran abanico de mejora. Las organizaciones longevas muestran que es posible atisbar las señales de cambio antes de lo que lo hace la mayoría. ¿Por qué, entonces, muchas no ven lo que pasa a su alrededor?

Parece que una parte del cerebro está continuamente ocupada haciendo planes y programas para el futuro. Estos planes están organizados de manera secuencial, es decir, de hecho constituyen vías temporales hacia el futuro. Cuanto más sano está, más vías temporales desarrolla el cerebro. Y, aún más sorprendente: el cerebro también almacena las vías alternativas.

Al cerebro le llega demasiada información a través de los órganos sensoriales, y mucha de ésta debe ser ignorada para que el órgano funcione adecuadamente. No obstante, si se produce una correspondencia entre la información entrante y una de las vías temporales alternativas almacenadas, no ignoramos el dato, percibimos su significado. Esta situación ya interesa mucho al *coach*, porque ésa es precisamente la vía de entrada.

El mensaje es claro: solamente percibiremos aquellas señales provenientes del mundo exterior que resulten relevantes para alguna opción de futuro que hayamos desarrollado. En muchas organizaciones, únicamente se desarrolla una vía, un proyecto, el plan operativo o la estrategia y sólo se abarca un futuro más bien próximo.

La inteligencia transformadora es un proceso de aprendizaje que examina y evoluciona desde los supuestos actuales bajo los que opera la compañía y desarrolla nuevas prácticas organizativas basadas en nuevos supuestos.

Para hacer realidad la inteligencia transformadora, precisamos contar con algo más que conocimiento y una nueva comprensión. El nuevo conocimiento ha de incrustarse en las prácticas tácitas organizativas hasta que se convierta en rutina. El abandono de la rutina, por cierto, constituye una de las bases del aprendizaje experiencial.

La actuación "adaptativa" difiere de la inteligencia transformadora en que la primera intenta mejorar el conjunto de supuestos actuales pero sin llegar a ponerlos en cuestión. Es decir, mejora y perfecciona las prácticas basadas en los supuestos antiguos pero los sigue aceptando como una forma correcta de pensar sobre los asuntos de la organización.

Empezamos por la pregunta de por qué algunas empresas asumen primero ideas revolucionarias —tales como dar poder y responsabilidad a los *coachees*, la calidad total, el liderazgo con visión de futuro, el trabajar en red, la reingeniería, la tecnología de la información y tantas otras como medios para llegar al futuro—, a continuación lanzan programas de choque para ponerlos en práctica; y, después de algún tiempo, llegan a la conclusión de que esas ideas no funcionan.

La respuesta quizá se encuentre en el hecho de que, en muchas ocasiones, las personas han entendido pero no han integrado. Básicamente, ello se produce por dos razones:

Primero

Hasta ahora ha proliferado el modelo más conservador, el que muchos denominan "modelo de mando y control". Las organizaciones han sido capaces de funcionar eficazmente con esas concepciones de la naturaleza humana y han crecido bajo el supuesto de que la jerarquía constituye un mecanismo de control y de coordinación necesario y suficiente.

Por ello, se volcaban en buscar y contratar a directivos en lugar de buscar y contratar a líderes y a *coachs*.

La razón subyacente es que las empresas han sido capaces de funcionar bajo dichos supuestos en entornos razonablemente predecibles y estables, en mercados que cambiaban despacio, con tecnologías que evolucionaban lentamente; y, por qué no, en entornos político–económicos que hacían posible el éxito, incluso con niveles de efectividad relativamente bajos.

Sin embargo, en la actualidad, ya hemos hablado de ello, los entornos cambian a ritmos muy elevados. Lo mismo sucede con las tecnologías y los mercados, y la globalización exige competir con empresas que son mucho más productivas y eficientes. La necesidad de cambiar es hoy mucho mayor que hace veinte o treinta años. No obstante, cuando observamos los resultados a raíz de los intentos de transformaciones, nos encontramos con pocas compañías que hayan conseguido gestionar de manera adecuada dichos cambios.

Segundo

La segunda causa radica en las culturas organizacionales e incluso en las culturas nacionales en las que están inmersas dichas empresas. Y es que las culturas evolucionan muy lentamente y, salvo que se produzcan grandes crisis, escasean los cambios culturales profundos. Por supuesto, nos referimos a cambios culturales reales, no a los programas que se denominan a sí mismos como de "creación de nueva cultura", que en general suelen constituir meras coartadas para, en realidad, no cambiar absolutamente nada.

Si las modificaciones que se desean implantar ponen en cuestión los supuestos básicos de la organización, habitualmente se encuentran con la resistencia o con la incomprensión. En otras palabras, la segunda razón que explica por qué las transformaciones organizativas son tan escasas es que éstas requieren que renunciemos a algunos supuestos culturales profundos y que rehagamos la organización sobre nuevos supuestos. Y ese tipo de "desaprendizaje" y posterior aprendizaje es, necesariamente, lento y doloroso.

¿Cómo puede producirse entonces el aprendizaje? ¿Cuáles son las condiciones, necesarias y suficientes, para "desaprender" y "reaprender"? Para analizar esta cuestión, conviene revisar algunas de las dinámicas psicológicas vinculadas a la ansiedad. Es sabido que cuando nuestros antiguos modelos dejan de funcionar, experimentamos desconcierto. Entramos en un estado de ansiedad que podemos denominar "de supervivencia". A menos que cambiemos, no llegaremos a nuestros objetivos, y, en casos extremos, no sobreviviremos.

Más allá de esto, también nos produce ansiedad la perspectiva de renunciar a algunos de nuestros supuestos y prácticas tácitas. Se trata de la ansiedad del aprendizaje.

Cuanto mayor sea la ansiedad que experimentamos, con mayor vehemencia negaremos los nuevos y aún desconocidos datos y con más fuerza nos aferraremos a nuestros sistemas ya conocidos. Este proceso se denomina "resistencia al cambio" y, sin duda, se trata de algo natural y previsible. En consecuencia, para que se produzca el cambio es necesario que la ansiedad de supervivencia supere a la de aprendizaje.

El problema es que, con frecuencia, resulta muy difícil generar la suficiente seguridad psicológica para poder superar la ansiedad del aprendizaje. Sobre todo cuando, simultáneamente, se exigen aumentos de productividad. Sin duda, tal seguridad psicológica se encuentra totalmente ausente cuando las empresas se hallan inmersas en procesos de reducción de personal o de reorganización hacia estructuras más ligeras ("lean management"). Efectivamente, para sentirnos psicológicamente seguros necesitamos de un tiempo y de un espacio para reflexionar, para que los datos de confirmación se asienten en nuestro consciente. Necesitamos entrenamiento para "aprender a aprender".

En este contexto, emerge nuevamente el *coaching*, ya que el *coach* puede, indudablemente, contribuir a generar un nivel suficiente de seguridad psicológica.

COACHING APLICADO

Y ¿cómo interviene el *coach* en este proceso? Las organizaciones y las personas inmersas en ellas vienen utilizando el concepto de "coaching" de variadas maneras.

Entre ellas, es posible identificar claramente dos acepciones:

1. Como proceso de cambio personal en el que una persona es orientada por un *coach*.
2. Como habilidad que desarrollan quienes poseen responsabilidad en la conducción de equipos de trabajo.

El elemento común de ambas acepciones es la convicción de que, ante la necesidad de conseguir objetivos en equipo, resulta fundamental contar con un estilo que permita que las personas "aprendan a aprender" y a dirigir su desarrollo. En este ámbito, el rol del *coach* es generar las condiciones para que los demás descubran nuevas opciones e innoven con éxito.

Hablemos ahora de etapas y de metodología.

Definición de un marco teórico o modelo de liderazgo y de *coaching*: La organización precisa conocer qué concepto de "coaching" utilizará y las habilidades involucradas.

Definición del plan de trabajo y de la estrategia de comunicación: Etapa clave para reducir las resistencias al cambio y para involucrar a los participantes en el programa.

Proceso de evaluación de habilidades: Permite definir una base sobre la cual comparar el progreso, a la vez que aporta antecedentes sobre los puntos que requieren mayor desarrollo.

***Feedback* de evaluación de habilidades y formulación de planes de desarrollo:** Es frecuente que los profesionales reaccionen con temor ante las evaluaciones debido a los riesgos, reales o percibidos, de que si afloran las debilidades esto se traduzca en un perjuicio para su carrera profesional. En realidad, este temor suele tener bastante base; de ahí el razonable respeto que ello produce en las personas. La empresa que realice evaluaciones debiera ser clara y consistente, ejercer un buen uso de la información y comunicar con transparencia los resultados a los participantes.

Iniciativas de desarrollo: Planes que apuntan al cambio de prácticas mediante el aprendizaje de habilidades.

Algunas opciones son posibles:

***Coaching* personalizado:** Corresponde al formato anteriormente descrito, en el cual el directivo desarrolla un aprendizaje individual.

Entrenamiento personalizado: Difiere sensiblemente del *coaching*, ya que se concentra en el ejercicio de habilidades, sin explorar otras áreas como la situación de vida, las proyecciones de carrera, etc.

Desarrollo de grupo: Seminarios y talleres orientados a proporcionar una experiencia de aprendizaje estándar a un grupo de directivos.

Rotaciones de cargos, asignación a proyectos: Oportunidades de adquirir y ejercitar en vivo ciertas habilidades.

Evaluación de resultados: Aplicación de instrumentos de medición para evaluar progresos, tales como exámenes de desempeño y de potencial 360 grados.

Definición de opciones de carrera: Al disponer de datos acerca de los talentos de sus directivos, la organización está en condiciones de adoptar mejores decisiones en la asignación de nuevos cargos y, a la vez, orientar al directivo en la definición de sus propias metas de aprendizaje y desarrollo de carrera.

Vemos, pues, que para el *coach* existen distintos cauces posibles a la hora de convencer a sus eventuales *coachees* del interés que para ellos puede tener el proceso de *coaching*.

COACHING "EGOÍSTA"

Como ya hemos comentado, para que un proceso de *coaching* funcione (es decir, que finalmente acabe modificando un comportamiento), existen varias etapas previas, entre ellas, el conectar con las motivaciones de los *coachees*.

Una cosa muy distinta es intentar trasladar **mis** motivaciones personales a mis *coachees*. Y aquí, conviene tener en cuenta que la vida laboral del directivo se viene cobrando, con demasiada frecuencia, importantes dosis de su calidad de vida, en forma de emociones negativas, fatiga física y psíquica y también tensión nerviosa, ya sea esta visible o permanezca subyacente. Todo ello, además, ejerce una tremenda influencia en la vida personal. Precisamente todos estos elementos −emociones negativas, fatiga, tensión, etc.− figuran entre los que, en mayor medida, obstaculizan la eficiencia o el rendimiento del personal directivo.

Conviene, consecuentemente, romper esta especie de maleficio y generar otro círculo −uno virtuoso−, en el que la realización y la satisfacción por el logro nutran la motivación intrínseca y el propio rendimiento. Un elevado rendimiento y un cierto disfrute del desempeño profesional pueden ir de la mano, aunque ello nos obligue, probablemente, a modificar convicciones y actitudes.

Cuando se hace necesario, un buen *coach* puede ayudarnos a neutralizar lo negativo, pero también puede contribuir a que explotemos mejor lo positivo y a que disfrutemos de una mejor calidad de vida en el desempeño profesional.

A menudo, sobre todo, en las grandes organizaciones, se asigna a los propios jefes una supuesta función de *coaching*, especialmente ante jóvenes colaboradores con un futuro prometedor. Esta práctica no necesariamente es efectiva. Como hemos apuntado, ser jefe y ejercer de *coach* no es exactamente lo mismo.

El *coach* debe ayudar al directivo a adoptar las actitudes más beneficiosas y a que éste encuentre sus propias respuestas ante preguntas que probablemente no se había formulado anteriormente. Muchas personas precisamos una especie de reingeniería personal (de nosotros mismos) y a ello, sin duda, nos puede ayudar un buen *coach*.

No se trata, en ningún caso, de suministrar consejos, sino de extraer del *coachee* lo mejor que lleva dentro; de hacerlo llegar a las mejores conclusiones por los mejores caminos. Y, si todos podemos mejorar en eficiencia, mucho más podemos mejorar en calidad de vida, que además afecta a nuestro entorno laboral y, también, desde luego, a nuestro entorno personal más cercano.

El entorno laboral de los managers

Hablamos del clima laboral, cuya relación con la satisfacción profesional es incuestionable; y no tanto por hacer carrera o simplemente ganar dinero. En el caso de los directivos, oír hablar del enfoque a la tarea y a las personas sonará, cuanto menos, perturbador, porque lo que las empresas indefectiblemente buscan es ciertamente la orientación a resultados y la consecución de objetivos.

Sin embargo, estos postulados son perfectamente compatibles con la concentración en la tarea, aunque es verdad que algunos de los eslóganes voluntariosos que circulan en las compañías son, a menudo, mal entendidos. Por ejemplo: la calidad, el *empowerment*, el trabajo en equipo, la comunicación interna, el aprendizaje, el trabajo por objetivos...

Con todo, si realizamos el esfuerzo de vivir el "aquí y ahora", podemos disfrutar de la actividad y alcanzar un elevado rendimiento. Así ocurre cuando la tarea, aunque ponga a prueba nuestra capacidad, nos estimula suficientemente.

En definitiva, podemos estar perfectamente a gusto escribiendo un informe, visitando a un cliente, resolviendo un problema, asignando tareas, preparando un catálogo o una oferta, pronunciando una conferencia, instalando equipos electrónicos, buscando información en Internet, diseñando un programa o adquiriendo nuevos conocimientos.

Eso sucede cuando:

★ Encaramos desafíos que podemos asumir.
★ Estamos absolutamente concentrados en la actividad.
★ Existen metas claras que conseguir y las conseguimos.
★ La actividad nos procura *feedback* inmediato.
★ Nos parece que estamos superando el reto con sorprendente facilidad.
★ Nos despreocupamos de los riesgos o de los peligros que la actividad conlleva.
★ Perdemos la noción de nosotros mismos.
★ El sentido de la duración del tiempo se altera.
★ La actividad viene a constituir un fin en sí misma.
★ Sentimos cierta íntima euforia de triunfo.

El *coach*, desde luego, puede ayudarnos a incrementar los citados estados que, como sabemos, contribuyen tanto a la eficiencia profesional como a la satisfacción y el disfrute. Todos ellos, en realidad, alimentan la mejora de la eficiencia, gracias a una verdadera conexión con la motivación del *coachee*.

Ahora bien, ¿existe algo que nosotros podamos hacer antes de acudir a un *coach*? La respuesta es afirmativa. Convendría, en primer lugar, empezar por incrementar el autoconocimiento y por potenciar la autocrítica; al menos, podemos tratar de avanzar por este sendero hasta donde ya no podamos seguir solos.

Si cayéramos en el autoengaño, quizá sólo un excelente *coach* nos podría sacar de él.

Recordemos algunos rasgos de los directivos que se autoengañan:

★ La arrogancia.
★ El juicio de las personas en términos absolutos ("blanco–negro").
★ La sed de poder.
★ El culto excesivo al ego.
★ La obsesión por parecer perfecto.
★ La jactancia.
★ La incapacidad de admitir errores o críticas.
★ El narcisismo.
★ La persecución de objetivos poco realistas.

PRECAUCIONES

Para no engañarnos a nosotros mismos, es necesario:
a) Valorar la importancia de la información y del conocimiento.
b) Facilitar el aprendizaje en las organizaciones.
c) Valorar la aportación de las personas.

El *coaching* se nutre de todos estos planteamientos. Sin duda, es de gran ayuda contar con sistemas informáticos que nos permitan estructurar la información. Pero poca utilidad nos ofrecerán si no somos capaces de llevar a cabo aproximaciones "cara a cara" que nos permitan trabajar con las personas.

Conviene explicitar que el "cara a cara" también es extrapolable hacia ámbitos donde se mueven los equipos. A esto se lo denomina, simplemente, "coaching de equipo".

Tradicionalmente, el aspecto más débil del directivo siempre ha sido la gestión del rendimiento y la motivación de sus colaboradores. Parece una paradoja, pero con frecuencia la buena preparación técnica contrasta con la carencia de habilidades relacionales. Esta situación ha propiciado la continuidad de modelos autocráticos u otros estilos que son claramente incompatibles con el desarrollo del capital intelectual en la empresa actual.

Las sesiones de *coaching* personalizado o de desarrollo directivo abordan situaciones de ayuda o de desarrollo del potencial del directivo. Las razones de intervención más habituales suelen ser: la toma de decisiones, los conflictos, el estrés, la búsqueda de recursos, el desarrollo de habilidades específicas, el apoyo a promociones.

Por poner un ejemplo concreto, las sesiones de *coaching* de grupo tienen como objetivo dinamizar a un grupo de personas o de directivos. Las intervenciones más habituales suelen ser: en la solución de problemas, en sesiones de creatividad, en resolución de conflictos.

Finalmente, las acciones de formación en *coaching* permiten desarrollar en los participantes (ya sean estos mandos o directivos) sus habilidades como *coach* para que aquellos sepan impulsar el potencial de sus colaboradores y mejorar, de esta forma, su rendimiento.

Estas intervenciones pueden ser estructuradas y formales cuando se establece un marco específico, pero también informales cuando el *coach* aprovecha las oportunidades del día a día para poner en práctica el modelo. También podemos utilizar la metodología para nuestro propio autodesarrollo (*autocoaching*).

¿Cuál es la esencia del modelo?

Nuestros resultados son consecuencia de nuestras acciones o comportamientos y éstas, a su vez, son el reflejo de nuestros pensamientos. La mejora del rendimiento se produce cuando enriquecemos nuestros modelos mentales y, de esta manera, nos encontramos en disposición de generar nuevas respuestas.

En cualquier caso, la esencia del *coaching* pasa siempre por enriquecer el modelo mental del *coachee*, incrementando su nivel de conciencia y facilitándole el paso hacia la acción. Todo este proceso se realiza fundamentándose en preguntas y en un *feedback* descriptivo o no evaluativo. La secuencia podría ser:

Descripción de la situación deseada (objetivo).

Descripción de la situación actual (área de mejora o dificultad).

Mapa de opciones y de recursos (generación y selección).

Plan de acción (plan específico de actuación).

Resultados (control y seguimiento).

En la primera y segunda fase, el objetivo del *coach* es incrementar el nivel de conciencia (sensorial y emocional) del *coachee*. Estas fases iniciales son cruciales, pues solamente podemos controlar aquello de lo que realmente somos conscientes. Adquirir conciencia nos da poder para actuar.

En la fase tercera, el objetivo es implicar al *coachee* en la generación de alternativas y en la creación de un plan de acción personal. Finalmente, resta determinar cómo y cuándo vamos a evaluar los resultados.

A estas alturas, en el ámbito de la gestión organizacional, resulta algo manida la intención de acortar la brecha existente entre lo que es la "teoría" y la "práctica" de las estrategias para hacer frente a los cambios del entorno. Nosotros consideramos esta parte consustancial al rol del líder o *coach*.

La interactividad del *coach* con los *coachees* refuerza su capacidad personal de abrir puertas y ventanas en los demás. Genera la inquietud suficiente –siempre a través de "preguntas precisas" más que de "afirmaciones certeras"– como para despertar en otros la misma "sed" que él posee.

Y todo esto, teniendo siempre presente las especificidades de cada organización, sus singularidades, adaptando por consiguiente su estrategia a cada situación y a sus valores culturales.

VALORES CULTURALES

Actuamos de acuerdo con nuestros valores culturales porque las relaciones a largo plazo con nuestros proveedores y con nuestros clientes nos importan. Al menos, así tendría que ser.

Para que *coachees* y directivos se planteen qué hacen y cómo lo hacen, hay que perfilar exactamente los comportamientos que se esperan de las personas en una situación dada.

Otra vez, aquí hablamos del cómo (**how**), en el sentido de etapa previa a conseguir un qué (***what***) significativo.

Con unos ciertos ajustes, podemos emplear las herramientas siguientes.

Análisis previo

A la hora de medir los valores culturales, no caben las sorpresas. Las organizaciones han de describir con precisión a sus *coachees* qué significa realizar sus trabajos correctamente y explicar en detalle y por escrito todas las acciones y comportamientos necesarios y previstos. Todo ello ha de quedar perfectamente claro y, además, debe quedar documentado y permanecer accesible para todos.

Los *coachees* no sólo han de entender los comportamientos sino que deben contar con la garantía de que sus supervisores los evalúan adecuadamente en función de esos comportamientos. Los detalles han de quedar claramente definidos y los evaluadores han de saber perfectamente lo que hacen.

Los supervisores evalúan a los *coachees* según sus propias observaciones: observan y determinan si los comportamientos, tal como los ha definido la empresa, son coherentes con los valores corporativos. Tales observaciones se cuantifican utilizando una escala de evaluación del comportamiento que describe los comportamientos deseados y evalúa al personal en función de cuatro criterios: "no hay evidencia", "es efectivo", "es muy efectivo" y "resulta excepcional".

Evaluación 360°

El proceso de evaluación 360° es otra herramienta de gestión dentro de los recursos humanos. Sin embargo, este proceso que permite a los *coachs* ser evaluados por prácticamente todos aquellos con los que están en contacto –desde *coachees*, los compañeros y los superiores hasta los clientes–, únicamente funciona si verdaderamente mide comportamientos que añaden un valor real.

La conclusión esencial que puede extraerse del estudio es que la evaluación 360° nunca conviene utilizarse aisladamente. Tampoco debiera constituir el único dato en el plan de desarrollo de los *coachees*. El uso más adecuado de la herramienta es que ésta sirva como ayuda a los *coachees* para que les resulte más fácil entender dónde deben mejorar su comportamiento, basándose en los comentarios de los demás. Ello ha de combinarse con una autoevaluación para determinar cómo se siente el evaluado con su trabajo, en comparación con cómo lo ven los demás.

Ambos enfoques sirven para identificar y tratar los puntos débiles. Los *coachees* pueden, de esta manera, trabajar con sus jefes para generar un análisis de las deficiencias, comparando el rendimiento individual con las habilidades de comportamiento necesarias para efectuar su trabajo. Los resultados se incorporan a la evaluación del empleado.

La evaluación 360° y el autoanálisis funcionan mejor si están seguidos de *coaching* y de refuerzos para modificar los comportamientos que, en la práctica, no están añadiendo valor.

Reforzar comportamientos

La mayoría de las organizaciones fracasa a la hora de reforzar los comportamientos correctos. Por lo general, se trabaja con los *coachees* de acuerdo con la filosofía educativa estándar de "estudiar, estudiar, probar, estudiar". Sin embargo, cuando el objetivo es enseñar nuevos comportamientos, este enfoque no resulta de utilidad. Aprender a conducir un camión no tiene nada que ver con aprender a inspirar a los demás. No es lo mismo trabajar sobre actitudes que sobre aptitudes.

Los mejores programas de desarrollo comportamentales se basan en una filosofía de "aprender sobre la marcha" y utilizan técnicas extraídas del aprendizaje empírico (ver *El puente de papel*). Hablamos de un proceso de desarrollo continuo en el que se dedica tiempo a absorber, fijar y aplicar lo aprendido al trabajo cotidiano. El objetivo último es desarrollar *coachees* participativos y flexibles, capaces de adaptarse rápidamente a medida que los cambios se hacen necesarios.

El papel de los líderes

A la hora de conseguir implantar los valores culturales, no debe subestimarse la importancia de la alta dirección. Los estudios actuales revelan que la alta dirección, y no sólo los supervisores directos de los *coachees*, está convirtiéndose –a toda velocidad– en un componente clave en la satisfacción de los *coachees*. Los altos cargos debieran enviar un mensaje claro de cómo contribuyen los valores culturales a conseguir los objetivos y la misión de la organización. Además, debieran vivir de acuerdo con tales valores para que los *coachees* entiendan mejor qué significan los comportamientos deseados en la práctica.

Por último, convendría que los líderes revisaran periódicamente los valores esenciales de la empresa para, de este modo, comprobar que éstos siguen siendo aplicables. Esta acción resulta de especial relevancia en las compañías globales que se ven forzadas a considerar las expectativas sociales a la hora de definir las culturas corporativas. Por ejemplo, es de suponer que los líderes de muchas unidades de negocio que operan en Europa tendrán una serie de expectativas de comportamiento diferentes de las de sus homólogos estadounidenses. En este contexto, obviamente, la gestión de recursos humanos adquiere ciertos matices.

GESTIÓN DE RECURSOS HUMANOS

Tradicionalmente, la gestión de recursos humanos siempre ha estado relacionada con la administración de todo aquello que tiene que ver con las personas de la organización de manera funcional y operacional, en un sistema mecánico y paternalista con énfasis en una centralización con variados niveles jerárquicos. La intención se centraba en la administración de personal según las labores que debería desarrollar la empresa para el logro de los objetivos propios de la producción.

Lo que tendría que hacer, sin embargo, es partir del consumidor en lugar del productor.

En efecto, los tiempos modernos exigen nuevos modelos sociales, en los cuales lo importante no sólo es ser eficiente de manera individual. Este enfoque únicamente es posible con una labor coordinada en el grupo y en el equipo de trabajo.

La afiliación de las personas a través de las organizaciones para asumir roles les proporciona el carácter de "ciudadanía organizada", a través del cual se pueden expresar las exigencias sociales y se contribuye a establecer las condiciones para la generación de las políticas, tanto privadas como públicas.

El sentido y la razón de ser de la política en la gestión del desarrollo humano consiste en orientar el potencial de los conocimientos, de la inteligencia de la organización, de los valores y de la comunicación con el propósito de entregar a los clientes servicios de calidad para contribuir, de esta manera, a la mejora y satisfacción de su vida.

El mercado ha cambiado. Si bien muchas organizaciones han tenido éxito, aun procediendo del sistema tradicional proteccionista, tal situación resulta obsoleta para un mercado abierto a la libre competencia, en el cual los procesos de calidad constituyen una exigencia de primer orden para garantizar un servicio y unos precios igualmente competitivos.

Por su naturaleza, la gestión de los recursos humanos requiere de una visión dinámica de la empresa, para poder atender la demanda de personal en los diferentes frentes de trabajo que afectan la gestión de la organización y de lo cual depende, en gran medida, la respuesta que ésta dé a sus clientes.

En esta búsqueda de sistemas de producción y de calidad que actúen con mayor responsabilidad frente al entorno, el tratamiento de las personas debe conducirnos a una nueva reflexión, a una dinámica de la estructura productiva de las organizaciones modernas fundamentada en una novedosa gestión de los recursos humanos.

Este proceso permite aprender a privilegiar, con mayor motivo en el mundo moderno y posmoderno, el aprendizaje organizacional y la gestión del conocimiento aplicado al desarrollo humano y organizacional. La finalidad de tal proceder es orientar, de manera consciente, la productividad para dar respuesta al entorno con incidencia recíproca.

Los tradicionales factores de producción tales como la tierra (los recursos naturales), el trabajo y el capital han pasado ya a ser secundarios. Estos, desde luego, se pueden aprovechar ahora mediante la información y el conocimiento, el cual se ha convertido en el instrumento por excelencia de las sociedades desarrolladas.

Al examinar la historia de la sociedad, observamos que se han producido tres cambios, tres transformaciones fundamentales: la Revolución Industrial, la revolución de la productividad y la revolución administrativa, en la cual estamos inmersos actualmente. Hoy, básicamente, se intercambia más información que productos. Los procesos de calidad se introducen como una nueva metodología de aprendizaje. Se inicia el desarrollo del control de una calidad total, como versión moderna del "management", concepto que prevalece en la década de los 80. Éste se convierte en el reto de la función directiva. La alta dirección diseña expectativas sobre el control de la calidad total, que aún no coinciden con la realidad, pues resulta evidente que los procesos deben ser controlados en sus diversas actividades. No obstante, la cultura de las organizaciones no se ha preparado para asimilar dicho cambio, lo cual implica que sin personas de calidad no existen procesos de calidad.

Por tanto, las estructuras organizacionales –al igual que los procesos y los sistemas– deben revisarse desde otra óptica: la de la mejora y la de la adaptabilidad a la nueva sociedad del *management* y de la cultura del servicio.

El cerebro humano tiene ilimitadas posibilidades de modificar paradigmas. Puede ordenarse y reordenarse a sí mismo y es perfectamente capaz de integrar y de trascender antiguos conflictos. Todo lo que viene a dislocar el antiguo orden establecido en nuestra vida es un desencadenante potencial de transformación, de una puesta en movimiento hacia una mayor madurez, hacia una apertura y un poderío acrecentados.

Además, la motivación es, mayormente, intrínseca. Se trata de una fuerza que puede permanecer dormida por mucho tiempo; de hecho, en una persona determinada puede estar inerte toda la vida sin que nunca llegue a aflorar.

Si la motivación fuera externa, toda la gente que, por ejemplo, asistiese a un curso de motivación personal saldría motivada en igual grado y con igual intensidad. Y resulta evidente que, en tal circunstancia, algunos salen dispuestos a cambiar su punto de vista por completo, pero con el paso de los días decrece su entusiasmo y regresan a su forma habitual de vida. Otros sí optan por modificar su vida y su progreso es, a todas luces, evidente. Mientras, otras personas únicamente comentan que el tema fue muy interesante, pero ni siquiera se plantean poner en práctica alguno de los conceptos tratados.

Si una persona depende de otras para que la motiven para actuar, probablemente su perfil será el del "perdedor" a lo largo de toda su vida. Eso es así, porque no está echando mano de su motivación interior que, al final, es la única fuerza motriz que conduce al éxito. Ejemplos prácticos de tal tipología de personas abundan en toda clase de organizaciones. Se trata de personas que dicen no realizar un mejor trabajo porque no se sienten motivados por sus jefes y, debido a esa actitud, frecuentemente son despedidos de varios empleos. Viven siempre tras la búsqueda de ese gran motivador como si se tratara de un Mesías o de un elixir milagroso. Pueden quedarse esperando el tiempo que sea porque ese salvador nunca llegará. A menos, claro está, que se den cuenta de que esta fuerza siempre ha morado dentro de ellas mismas.

El miedo, por supuesto, también constituye un gran motivador, pero no existe algo peor que actuar por miedo, porque los resultados no siempre serán favorables ni duraderos. Los comportamientos que provoca el miedo no son, pues, consistentes en el tiempo.

Cuando una persona trabaja influida por temor a que la despidan no puede tener la concentración necesaria ni, por supuesto, estar en buena disposición para dar algún paso adicional para hacer mejor su trabajo. Como parece lógico, únicamente se dedicará a hacer lo necesario para mantener el empleo. Y solamente eso.

El mejor motivador existente es el deseo. La necesidad casi compulsiva de conseguir el éxito en la vida. El querer ser todo lo que uno es capaz de llegar a ser. El aspirar a ascender la montaña y plantar nuestra bandera en la cima. Esta es la única forma de motivación que realmente cuenta. Y esa motivación sólo existe dentro de cada uno de nosotros. Es algo así como un resorte comprimido, con toda su energía lista para ser liberada y para dispararnos como un proyectil hacia el triunfo. Todo lo que tenemos que hacer es oprimir el botón. A menudo, sin embargo, nos suele temblar la mano a la hora de dar ese paso. Muchos dicen "mañana, mañana y mañana", y cuando se dan cuenta, el tiempo ya se les ha acabado.

El mejor empleado que una organización puede tener es aquel que sabe motivarse a sí mismo. Un empleado automotivado trabaja para sí mismo y, por lo tanto, él mismo debe felicitarse por sus logros.

No tiene que sorprender, por tanto, que las personas automotivadas tiendan a ocupar los puestos más relevantes de cualquier organización. No es casualidad que, a medida que un empleado asciende en la escala jerárquica, reciba menos halagos cada vez que efectúe un buen trabajo. Primero, porque se espera que siempre haga bien las cosas y segundo porque su motivación interior debiera ser más grande, pues a medida que conseguimos triunfos se incrementa nuestro deseo de seguir adelante y de obtener todavía más éxitos.

Parece, pues, claro que la coacción o el miedo no constituyen buenos "resortes" para pulsar.

RESORTES ADECUADOS

En el paradigma clásico, el mecanismo de regulación del control y mando está esencialmente sustentado en el miedo, en el temor a las consecuencias del incumplimiento.

Esta emocionalidad ha mantenido las relaciones de trabajo en muchas organizaciones. Pero con seguridad ya no es la mejor solución...

El miedo ha podido ser eficaz, en algunas ocasiones, para gestionar el trabajo individual (el *what*), pero no es un gran método para potenciar las actividades de coordinación que aseguran el funcionamiento de un grupo de personas como equipo de trabajo. Todavía es de mucha menos utilidad a la hora de fomentar actividades reflexivas sobre el hacer del trabajo y su aprendizaje continuo (el *how*). Los nuevos mecanismos precisan apoyarse en una emocionalidad diferente. Requieren generar confianza. Con ella, se abren los caminos para mejorar la eficiencia en la gestión del trabajo en equipo y de la reflexión, lo que resulta finalmente un factor altamente motivador. Corresponde a la Dirección especificar los desafíos y los objetivos generales a alcanzar, en un diálogo permanente con quienes disponen de las habilidades para la generación de posibilidades y de oportunidades de negocios.

A tal efecto, la dirección tendría que conceder a sus *coachees* espacios significativos de autonomía responsable, permitiéndoles realizar el trabajo de reflexión y de aprendizaje.

El énfasis habría de situarse en una gestión de resultados que corresponda al cumplimiento del trabajo individual y desarrollarse en la gestión de procesos que articulen, coordinadamente, el trabajo individual de cada persona.

Todo ello construido, insistimos, sobre la base de la confianza. No se trata únicamente de la simbólica frase "sudar la camiseta del equipo". Las organizaciones no tienen en sus *coachees* seguidores acérrimos, sino que los *coachees* y las organizaciones tienen, a menudo, intereses que pueden ser comunes o conflictivos. Lo cierto es que la comprensión del trabajo, junto al mecanismo de regulación basado en la confianza, suelen resultar motivadores tremendamente eficaces.

Consideran a la persona desde la pluralidad de motivos abordando, por ejemplo, las instancias superiores de la pirámide de Maslow o bien los factores motivadores de Herzberg.

Utilizando como ejemplo la fuerza de ventas, podemos ilustrar esta teoría indicando que la motivación para un determinado comportamiento —del que se espera un resultado— crece cuando el vendedor correlaciona comportamiento (esfuerzo) con resultado (rendimiento en ventas). Se trata de una primera esperanza para realizar un esfuerzo y recibe el nombre de "expectativa".

La percepción de un atractivo en el sistema de recompensa representa una segunda esperanza: la de ser premiado si se logran los resultados esperados.

La persona se siente atraída con el tipo de recompensa, si la expectativa coincide con la recompensa otorgada por la organización.

Esta teoría no explicita cómo a cada persona no la motivan factores objetivos, sino más bien la percepción de dichos factores y la valoración subjetiva que cada uno realiza de ellos. Además, insiste en el sutil y delicado equilibrio entre las expectativas y la recompensa. En este punto, el papel del *coach* es, una vez más, capital. Detenta la corresponsabilidad de conseguir desarrollar las actitudes, para que las aptitudes —o habilidades— puedan ser integradas.

Y, en este punto, al hablar de actitud y de aptitud, es necesario matizar algunos aspectos.

ACTITUD Y APTITUD

El debate entre actitud y aptitud o habilidades es muy recurrente en la bibliografía sobre las organizaciones.

Las habilidades, al tratarse de comportamientos cotidianos, son el resultado de las características innatas, de los conocimientos y de las actitudes de la persona. Las características innatas son aquellos aspectos genéticos que afectan al comportamiento y que resultan difíciles de cambiar. Por tanto, al hablar de desarrollo de habilidades, conviene concentrarse en el desarrollo de conocimientos, actitudes y habilidades. Las vías para conseguir cada uno de estos desarrollos son la información, la formación y el entrenamiento, respectivamente. Los conocimientos se obtienen a través de la adquisición de nuevos datos. En otras palabras, información cuantitativa y cualitativa sobre la realidad. Así, para desarrollar cualquier tipo de habilidad –por ejemplo, negociación, trabajo en equipo o gestión del tiempo–, es conveniente empezar por adquirir conocimientos teóricos sobre el tema.

No obstante, la transmisión de conocimientos no es un proceso automático. Para incorporar efectivamente la nueva información al repertorio de conocimientos ya existente, se requiere claridad de planteamiento por parte del emisor, un medio de transmisión adecuado y, desde luego, un cierto grado de apertura mental y de esfuerzo intelectual por parte del receptor.

Y aquí empieza lo verdaderamente difícil, ya que trabajar actitudes resulta mucho más complicado que operar sobre aptitudes. En principio, pocas personas muestran una buena predisposición a modificar sus actitudes.

Las actitudes son aquellas motivaciones que una persona posee frente a la acción. El desarrollo de unas actitudes adecuadas requiere de un proceso de formación que capacite a la persona para anticipar las consecuencias de sus acciones y de sus omisiones. De este modo, su capacidad para evaluar la realidad adquiere mayor profundidad.

Como consecuencia de ello, la persona puede tener nuevos motivos para la acción. Por ejemplo, una persona que posea conocimientos teóricos sobre cómo trabajar en equipo no va a querer necesariamente trabajar de esta manera. Para hacerlo, precisa en primer lugar tener muy claro la conveniencia de trabajar en equipo en algún caso concreto y, desde luego, contar con una formación adecuada puede ayudarlo a descubrir las consecuencias positivas que el desempeño en equipo tiene, tanto para su persona como para los demás. Pero, al final, únicamente si esa persona desea verdaderamente trabajar en equipo será capaz de desarrollar esa competencia. Este mismo discurso, desde luego, es igualmente válido para cualquier otra competencia.

Las habilidades pueden definirse como aquellas capacidades operativas que facilitan la acción. El desarrollo de habilidades requiere de un proceso de entrenamiento. A través de la repetición de actos se van adquiriendo nuevos hábitos y diferentes modos de actuar que resultan eficaces.

Los conocimientos, las actitudes y las habilidades no se desarrollan de manera aislada. Interactúan dinámicamente en la formación de las habilidades sobre la base de las características innatas de cada persona.

En este modelo, el proceso de decisión que conduce a la acción se inicia por dos tipos de conocimiento: el abstracto y el experimental. El primero incluye los datos teóricos y la información a la que nos hemos referido más arriba, tales como conocimientos. El segundo procede de la experiencia (de vivencias y de experimentos).

El conocimiento experimental produce una motivación espontánea hacia la atracción del comportamiento. La actitud frente a una acción puede provenir de una motivación espontánea o racional. La racional aparece cuando la persona, ejercitando su libertad, utiliza su conocimiento para anticipar las posibles consecuencias de la acción. La racional nos conduce a actuar según la conveniencia de la acción.

La virtualidad es el hábito que permite decidir según la motivación racional; es decir, de acuerdo con lo que conviene hacer y no según lo que es más atractivo. Para que la decisión se transforme en acción, se requieren las habilidades operativas correspondientes. Finalmente, como consecuencia de la acción, se desarrollan todavía más las habilidades operativas y se producen nuevos conocimientos experimentales.

Este proceso puede aplicarse a cualquier habilidad. Por ejemplo, en el caso del *coaching*, un directivo que no tenga esta habilidad podría empezar a desarrollarla asistiendo a un curso en el que le expliquen en qué consiste el *coaching*. De esta manera, recibiría información al respecto y ampliaría el contenido de su conocimiento abstracto. No obstante, dado que hasta este momento no ha practicado, su experiencia lo inclinará a no utilizar el *coaching* y, por ello, su actitud ante este podría ser de un cierto rechazo. En consecuencia, es muy probable que el programa de formación mencionado resulte insuficiente para modificar sus hábitos con respecto a esta habilidad.

Continuando con este mismo ejemplo, el directivo debería empezar por dar ejemplo con su *coachee* sobre la puesta en práctica de esa habilidad. A la vez, debería ayudarlo pensar en las ventajas que este modo de proceder puede tener tanto para él como para sus *coachees*.

Sin duda, un elemento necesario para el desarrollo de cualquier habilidad es la voluntad (el querer) del directivo de poner en práctica lo que ya ha descubierto a través de la información y la formación externas. Este "querer", que procede de la libertad personal, posee dos vertientes: la racionalidad para querer utilizar la información de la que se dispone y la virtualidad para hacer lo que sea más conveniente aunque no resulte lo más atractivo en ese momento.

En el ejemplo citado del directivo que se encuentra inmerso en proceso de desarrollar la habilidad de *coaching*, en primer lugar tiene que querer utilizar los nuevos datos aprendidos sobre *coaching* y, después, debe ser capaz de adoptar las decisiones adecuadas para aplicarlo en cada caso específico, incluso en aquellos que le resulten difíciles.

Por ejemplo, puede haber aprendido que para hacer *coaching* hace falta correr el riesgo de que el *coachee* cometa algún error. No obstante, puede obviar conscientemente esa información o, a pesar de tenerla en cuenta, puede no sentirse capaz de correr ese riesgo. En cualquiera de estos casos, el directivo se dejará llevar por la motivación espontánea que procede de su experiencia previa y decidirá actuar como lo hacía habitualmente. Como consecuencia de ello, dicha habilidad no podrá desarrollarse.

El último elemento necesario para desarrollar las habilidades consiste en poseer aquellas habilidades operativas que posibiliten su ejercicio. Para ello se requiere un entrenamiento adecuado que consiste en la repetición de acciones para la adquisición de los hábitos operativos correspondientes a esa competencia.

A medida que se van realizando las acciones propias de una habilidad, se van desarrollando sus habilidades operativas y se van produciendo nuevos conocimientos experimentales. Como resultado de estos, se refuerza la motivación espontánea hacia esa acción, lo cual facilita que se sigan tomando decisiones de ese tipo. Dado que las habilidades operativas se desarrollan con cada comportamiento, la siguiente acción será más eficaz y producirá −si cabe− mejores aprendizajes. El proceso de desarrollo de una habilidad culmina cuando se alinean la motivación racional y la espontánea. Entonces, puede decirse que se trata de un comportamiento habitual.

Continuando con el ejemplo de la habilidad de delegación, al gestor que no tiene desarrollada esta habilidad puede serle muy difícil delegar en un principio. Sin duda, inicialmente, tendrá que poner en ejercicio la racionalidad y la virtualidad para tomar decisiones según su motivación racional, contradiciendo su motivación espontánea.

Finalmente, llegará a un punto en el que el directivo realizará *coaching* de manera espontánea y, además, poseerá las habilidades para conducir este proceso eficazmente. Este se convertirá, entonces, en un comportamiento habitual de dicho directivo. En este punto, podremos decir que el directivo ha desarrollado la citada habilidad y que se ha convertido en un *coach* operativo.

Con todo, en ese camino, se encontrará con distintos obstáculos que generalmente tendrán que ver con sus esquemas mentales (antes que con los del *coachee*).

ESQUEMAS MENTALES

El punto central se sitúa en cómo lograr estos resultados cuando una persona ya está formada en un determinado estilo de pensamiento. Cuando una persona posee un determinado esquema mental, arrastra firmes convicciones y suele costarle mucho encontrar nuevas respuestas a problemáticas laborales cada vez más diversas y complejas.

El *coaching* es el proceso transformador que se encamina específicamente a desarrollar habilidades internas que permitan eliminar las limitaciones que una persona encuentra en el cumplimiento de las metas fijadas.

Al inicio de un proceso de *coaching*, es indispensable tener presente que los resultados serán directamente proporcionales al grado de compromiso del protagonista. Es necesario, por tanto, que éste lo considere como un objetivo prioritario.

El proceso de *coaching* está constituido de tres etapas:

1) La creación del "espacio común"
Confianza y comprensión conforman la base del delicado proceso de investigación sobre la problemática de cada persona.

Recordemos que, en muchos casos, las personas saben que tienen que cambiar "algo" pero no saben exactamente "cómo" hacerlo y esta situación puede confundirlas e incluso avergonzarlas. Se trata de establecer *rapport* para acompañar a la persona en su proceso de transformación.

2) Aspectos de la personalidad vinculados directamente con las limitaciones a enfrentar

¿Cómo logramos que un cambio sea sostenible en el tiempo? Cuando en una situación actuamos de cierta forma lo hacemos porque asignamos un significado a esa acción. En este sentido, producir un cambio implica modificar el significado que esa acción tiene para nosotros. Si lo que se modifica es únicamente el comportamiento instantáneo, se corre el riesgo de que frente a la repetición del problema la persona le asigne el significado habitual y recurra a las acciones de siempre.

Veamos un ejemplo. El supuesto comportamiento de un empleado frente a la reprimenda de un superior es mentir para tratar de escapar de las posibles consecuencias. En un momento dado, decide modificar ese comportamiento; es decir, elige no mentir. Sin embargo, es probable que pueda hacerlo en un par de ocasiones y que después vuelva de nuevo al comportamiento habitual. ¿Por qué sucede esto? Porque, en el fondo, realiza la lectura de que aceptar su responsabilidad ante la reprimenda resulta peligroso. Por el contrario, si decide explorar y trabajar sobre las causas que lo llevan a mentir y logra modificar ese significado, es decir, si en lugar de considerar que aceptar su equivocación resulta peligroso y lo contempla, por ejemplo, como una oportunidad para mejorar, habrá modificado la estructura profunda que lo conducía a mentir.

Para ayudar a las personas en los cambios de significado es fundamental contar con información completa sobre el origen del problema a resolver. De hecho, la evaluación del destinatario del *coaching* comprende aspectos tan diversos como:

★ valores y convicciones,
★ habilidades de liderazgo,
★ habilidades de negociación,
★ perfil comunicacional,
★ grado de integración en equipos,
★ manejo de prioridades,
★ capacidad de delegación,

Para realizar estas evaluaciones, se utilizan instrumentos provenientes de diferentes fuentes. Posteriormente, con la integración de la información recibida se acuerda un plan de acción.

3) *Coaching* propiamente dicho

¿Cuándo aprendemos? Aprendemos cuando podemos apreciar la diferencia entre lo que queremos obtener a través de una determinada acción y lo que sucede en realidad cuando llevamos a cabo dicha acción y somos capaces de eliminar esa diferencia.

Sobre la base de la información obtenida en la evaluación, en general, se trabajan tres aspectos tendentes a conseguir este aprendizaje:

★ Análisis de situaciones laborales a través de la indagación reflexiva. Esto permite revisar la percepción que la persona tiene de su experiencia e identificar los obstáculos que impiden el logro del desempeño deseado.
★ Cambio personal. Esto implica el desarrollo de habilidades de liderazgo, de comunicación, de negociación y resolución de conflictos, de creatividad, de pensamiento sistémico, etc.
★ Incorporación de conocimientos para la acción, conocimientos específicos de *management*.

En síntesis, si consideramos los trabajos como aventuras plenas de incertidumbre, lo que cuenta es disponer de recursos; y esa es, justamente, la función central de los procesos de *coaching*: desarrollar los recursos para que éstos estén disponibles aquí y ahora. Obviamente, ello implica una gestión de recursos distinta a la clásica.

NUEVOS RECURSOS HUMANOS

La nueva realidad ha modificado el contrato implícito entre los *coachees* y la organización. Tradicionalmente, la empresa ofrecía seguridad a cambio de un trabajo razonable. Actualmente, cada vez más, el empleado busca en la empresa un desarrollo profesional que le asegure su función futura. Mientras, la compañía busca potenciar al máximo las habilidades de sus personas para asegurarse, de esta manera, unos resultados futuros que prácticamente siempre resultan inciertos. Así, mientras que el antiguo contrato implícito estaba basado en la permanencia de los *coachees* en la organización, el nuevo contrato se basa en el desarrollo profesional de estos.

Ante la lícita preocupación de aquellos directivos que se preguntan qué pasará si forman a sus colaboradores y luego estos abandonan la empresa, cabría que éstos reflexionasen sobre qué sucede en aquellos casos en los que no se forma a dicho personal y, posteriormente, estas personas deciden a pesar de todo quedarse en la organización. Lo que, en definitiva, resulta claro es que en la nueva realidad empresarial, la supervivencia de la empresa va a depender de las capacidades de sus *coachees* para prever el futuro y prepararse ante él.

En este nuevo contexto, la labor del departamento de Recursos Humanos también ha cambiado sustancialmente. Anteriormente, este departamento se caracterizaba por una gestión de las personas más bien burocrática. Su papel era un papel claramente reactivo, tendente a resolver problemas y a apagar fuegos para conseguir cierta paz social.

Hoy, el departamento de Recursos Humanos se está convirtiendo en un área estratégica para la organización, puesto que su recurso más importante son, cada vez más, las personas que la integran. El nuevo departamento de Recursos Humanos ha de ocuparse de atraer, seleccionar, formar, valorar e incentivar a los *coachees* con el fin de que la empresa cuente con las personas más capacitadas y más comprometidas que sea posible. Su papel, en definitiva, es mucho más proactivo y se le exige que aporte valor añadido, además de que gestione y resuelva los problemas sociales de la organización. En el contexto de la nueva realidad empresarial, este sector asume la responsabilidad de proporcionar a la empresa el conjunto de habilidades que ésta necesita para asegurar su competitividad.

Muchas organizaciones evalúan a sus *coachees* en términos de resultados u objetivos. Esta evaluación se centra en qué se consigue: tantas unidades vendidas, tanto incremento porcentual en cuota de mercado, tanta mejora en la rentabilidad o en la calidad, etc. Muchos incentivos económicos suelen depender de la consecución de estos objetivos que, típicamente, poseen un horizonte temporal de un año. Dado que los objetivos son fácilmente cuantificables y mensurables, la valoración puede efectuarse de manera relativamente objetiva. Esta valoración suele hacerla el jefe, que actúa como juez, interpretando los datos objetivos a la luz de las circunstancias económicas, empresariales o personales que resulten relevantes para cada caso concreto.

La evaluación por objetivos, no obstante, examina los resultados pasados y no ayuda necesariamente a desarrollar las habilidades que la organización necesita para conseguir los resultados futuros. Una valoración exclusivamente centrada en resultados puede llegar, incluso, a ser contraproducente a la hora de fomentar el desarrollo de habilidades, pues las personas tienden a preocuparse únicamente de qué consiguen

–el **what**– y no cómo –el **how**– lo consiguen. En un caso extremo, pueden estar fomentándose modos de hacer que sean claramente inconsistentes con las habilidades que la organización pretende desarrollar en sus *coachees*.

Por ello, cada vez son más las empresas interesadas en evaluar no exclusivamente los objetivos, sino también las habilidades que están desarrollando sus *coachees*.

A pesar de las ventajas que reporta enriquecer la evaluación de los objetivos tradicionales, este procedimiento cuenta con el potencial problema de que, al mezclar realidades tan diferentes como son los objetivos y las habilidades, pueden llegar a aparecer percepciones de falta de justicia comparativa. Estas percepciones son, potencialmente, muy negativas para la motivación y el rendimiento de los *coachees* y, desde luego, pueden llegar a minar, si no sofocar, su capacidad creativa e innovadora.

Las habilidades son variables mucho más difíciles de medir que los objetivos y su desarrollo requiere de un tipo de motivación más profundo que el de la bonificación a fin de año. Por ello, es recomendable que reciban un tratamiento diferenciado, tanto a la hora de ser evaluadas como en el momento de ser recompensadas. Para implementar este paso, se precisa en primer lugar entender más profundamente qué son las habilidades.

A lo largo de los años, se ha ido delimitando el significado del término "habilidades" hasta llegar a designar únicamente aquellos comportamientos observables que contribuyen al éxito de una tarea o de la misión de un puesto.

Siguiendo en línea con esta definición, aún conviene distinguir entre dos tipos de comportamientos: los esporádicos y aquellos que resultan habituales.

Ciertos comportamientos esporádicos, como tener una idea creativa, podrían contribuir en gran medida al éxito de una tarea o misión. No obstante, resulta más esclarecedor referirnos a habilidades únicamente para designar comportamientos habituales, debido a que este tipo de conducta conforma los hábitos que son, a la postre, los que otorgan su carácter predictivo a las habilidades. Por tanto, las habilidades son aquellos comportamientos observables y habituales que posibilitan el éxito de una persona en su actividad o en su función. Las habilidades son objetivas ya que son observables pero, al mismo tiempo, son también subjetivas porque la percepción de éstas depende, hasta cierto punto, del observador. Esto no sucede al hablar de los objetivos cuantitativos que, por definición, son cuantificables e independientes de la persona que los mide.

Por ello, la evaluación de las habilidades requiere de un procedimiento más cuidadoso que el del examen de los objetivos, debido a que hay que tener presente dicha subjetividad. En primer lugar, es necesario disponer de una lista de habilidades con definiciones claras y específicas que puedan ser interpretadas de la misma manera por observadores diferentes. Este hecho plantea el problema de decidir qué tipo de habilidades conviene utilizar para trabajar con los *coachees* de una organización.

3– LAS HABILIDADES NECESARIAS

Más adelante, detallaremos todas las habilidades que se requieren para hacer *coaching* con propiedad, pero aquí ofrecemos un avance.

TIPOS DE HABILIDADES

Existen dos tipos fundamentales de habilidades que conviene distinguir: las habilidades técnicas o de puesto y las habilidades directivas o genéricas.

Las habilidades técnicas hacen referencia a aquellos atributos o rasgos distintivos que un empleado determinado precisa en un puesto de trabajo concreto. Las habilidades técnicas suelen incluir conocimientos o actitudes específicas necesarias para desempeñar una tarea concreta. Por ejemplo, determinados puestos pueden requerir cierto dominio del inglés o de escribir con el ordenador, que constituyen habilidades técnicas para dichos puestos.

Las habilidades directivas son aquellos comportamientos observables y habituales que posibilitan el éxito de una persona en su función directiva. Son más genéricas y, aunque cada empresa puede enfatizar más unas u otras, pueden estudiarse de manera conjunta a partir del análisis de la función directiva.

La función directiva consiste en diseñar estrategias que produzcan valor económico, desarrollando las capacidades de sus *coachees* y vinculándolos con la misión de la organización.

Una estrategia que lograra valor económico empobreciendo
las capacidades de sus *coachees* o disminuyendo su unidad con
la empresa no sería una estrategia válida puesto que, entre
otras cosas, debilitaría la capacidad de la empresa para obtener
valor económico en el futuro. Por tanto, la función directiva
incluye, además de una dimensión estratégica, otra dimensión
que denominaremos "intrínseca".

La estrategia interna se dirige al desarrollo de los *coachees* y
al incremento de su grado de compromiso con la misión de la
empresa.

Mientras que la estrategia, al nivel de la empresa, se mide
por la eficiencia de sus resultados económicos, y la estrategia interna se mide por la unidad; esto es, por el grado
de compromiso y por la confianza de los *coachees* con la
organización.

Del análisis mencionado de la función directiva, se dedu-
cen dos tipos de habilidades directivas: las estratégicas, que
incluyen a aquellas habilidades necesarias para obtener buenos
resultados económicos; y las de desarrollo, que son aquellas
habilidades precisas para desarrollar a los *coachees* e incrementar su compromiso y su confianza con la compañía. A estos
dos tipos de habilidades directivas, propiamente empresariales, hay que añadirles unas habilidades que denominamos "de
eficiencia personal".

Estas últimas están conformadas por aquellos hábitos que
facilitan una relación eficaz de la persona con su entorno.
Estos hábitos se refieren tanto al equilibrio y al desarrollo
personal como al mantenimiento de una relación activa,
realista y estimulante con el entorno. Las habilidades de
eficiencia personal miden la capacidad de autodirección,
imprescindible para dirigir a otras personas. Por este
motivo, potencian la eficiencia de las habilidades estratégicas y de desarrollo y deben considerarse también como
habilidades directivas.

Habilidades directivas para el coach/líder

Es el grupo de habilidades directivas que se refiere a la capacidad estratégica de un directivo y a su relación con el entorno externo de la empresa. Para este grupo, proponemos las siguientes habilidades básicas:

★ **Visión de negocio:** Reconocer y aprovechar las oportunidades, los peligros y las fuerzas externas que repercuten en la competitividad y efectividad del negocio.

★ **Resolución de problemas:** Identificar los puntos clave de una situación o de un problema complejo y contar con capacidad de síntesis y de toma de decisiones.

★ **Gestión de recursos:** Utilizar los recursos del modo más idóneo, rápido, económico y eficaz para obtener los resultados deseados.

★ **Orientación al cliente:** Responder con prontitud y eficiencia a las sugerencias y a las necesidades del cliente.

★ **Red eficaz de relaciones:** Desarrollar y mantener una amplia red de relaciones con las personas clave de la empresa y del sector.

★ **Negociación:** Conseguir el apoyo y la conformidad de las personas y de los grupos clave que influyen en su área de responsabilidad.

Habilidades de desarrollo

Este es el conjunto de habilidades directivas vinculadas a la capacidad intrínseca de un gestor y a su relación con el entorno interno de la empresa. Lo conforman estas habilidades básicas:

★ **Comunicación:** Comunicar de manera efectiva, sea a través de procedimientos formales o informales, y proporcionar datos concretos para respaldar sus observaciones y sus conclusiones.

★ **Organización:** Asignar objetivos y tareas a las personas adecuadas para realizar el trabajo y planificar su seguimiento.

★ **Empatía:** Escuchar, tener en cuenta las preocupaciones de los demás y respetar sus sentimientos.

★ **Delegación:** Preocuparse de que los integrantes de su equipo dispongan de la capacidad de tomar decisiones y cuenten con los recursos necesarios para conseguir sus objetivos.

★ *Coaching*: Ayudar a sus colaboradores a descubrir sus áreas de mejora y a desarrollar sus habilidades y sus capacidades profesionales.

★ **Trabajo en equipo:** Fomentar un ambiente de colaboración, de comunicación y de confianza mutua entre los miembros de su equipo y estimularlos hacia el logro de los objetivos comunes.

HABILIDADES DE EFICIENCIA PERSONAL

Se incluye aquí el conjunto de habilidades directivas que se refieren a los hábitos básicos de una persona con relación a ella misma y a su entorno. Estas habilidades potencian la eficiencia de los otros dos grupos de habilidades directivas, las estratégicas y las de desarrollo.

Proponemos una lista de cuatro habilidades básicas, cada una de las cuales comprende, a su vez, en tres subhabilidades:

1– Proactividad

★ **Iniciativa:** Mostrar un comportamiento emprendedor, iniciando y empujando los cambios necesarios con tenacidad.

★ **Creatividad:** Generar planteamientos y soluciones innovadoras a los problemas que se presentan.

★ **Autonomía personal:** Tomar decisiones con criterio propio, no como resultado de una simple reacción a su entorno.

2– Autogobierno

★ **Disciplina:** Hacer en cada momento lo que se ha propuesto realizar, sin abandonar su propósito a pesar de la dificultad de llevarlo a cabo.

★ **Concentración:** Mantener un alto grado de atención, ante uno o varios problemas, durante un largo periodo de tiempo.

★ **Autocontrol:** Controlar las emociones y actuar de manera apropiada ante distintas personas y situaciones.

3– Gestión personal

★ **Gestión del tiempo:** Priorizar objetivos, programando las actividades de manera adecuada y ejecutándolas en el tiempo previsto.

★ **Gestión del estrés:** Mantener el equilibrio personal ante situaciones de especial tensión.

★ **Gestión del riesgo:** Tomar decisiones adecuadas en momentos de gran responsabilidad y con un alto grado de incertidumbre.

4– Desarrollo personal

★ **Autocrítica:** Evaluar con frecuencia y profundidad su propio comportamiento y la realidad que lo circunda.

★ **Autoconocimiento:** Conocer sus puntos fuertes y débiles, tanto en el ámbito profesional como en el personal.

★ **Cambio personal:** Modificar sus comportamientos con el fin de fortalecer sus puntos fuertes y superar sus áreas de oportunidad o puntos débiles.

★ **Innovación y desarrollo:** Capacidad para modificar las cosas, incluso partiendo de formas o de situaciones no pensadas con anterioridad, sin que necesariamente exista un requerimiento externo que lo empuje. Implica idear soluciones novedosas y diferentes ante problemas o situaciones requeridas por el propio puesto, por la organización, por los clientes o por el segmento de la economía donde se actúe.

★ **Liderazgo:** Habilidad necesaria para orientar la acción de los grupos humanos en una dirección determinada, inspirando valores de acción y anticipando escenarios de desarrollo de la conducta de ese grupo. Aquí se incluye la habilidad para fijar objetivos, de realizar seguimiento de dichos objetivos y la capacidad de dar *feedback* integrando las opiniones de los otros.

Además de todo lo mencionado, se precisan otros planteamientos más de *business* que devendrán básicos para aparecer como líder dentro de la organización y, por ende, para llegar a ser un *coach* respetado:

★ **La voz del cliente:** Deseo de ayudar o de servir a los clientes, de comprender o de satisfacer sus necesidades, incluso aquellas que no han sido deliberadamente expresadas. Implica esforzarse por conocer y por resolver los problemas del cliente, tanto del cliente final —a quien van dirigidos los esfuerzos de la organización— como a todos aquellos que cooperen en la relación organización/cliente, como el personal ajeno a la empresa. Se trata de una actitud permanente de tener presente las necesidades del cliente para incorporar este conocimiento a la manera específica de planificar la actividad.

★ **Orientación a resultados:** Capacidad de encaminar todos los actos al logro de los resultados esperados, actuando con velocidad y sentido de urgencia ante decisiones importantes, necesarias para superar a los competidores, anticiparse a las necesidades del cliente o para mejorar la empresa. Se trata de la capacidad de administrar los procesos establecidos para que no interfieran con la consecución de los resultados esperados. De la tendencia al logro de resultados, fijando metas retadoras –por encima de los estándares–, mejorando y manteniendo altos niveles de rendimiento en el marco de las estrategias de la empresa.

★ **Planificación y organización:** Capacidad de determinar las metas y las prioridades del negocio, detallando la acción, los plazos y los recursos requeridos. Incluye la instrumentación de mecanismos de seguimiento y la comprobación de la información.

★ **Negociación:** Habilidad para crear un ambiente propicio para la colaboración y para conseguir compromisos duraderos que fortalezcan la relación. Capacidad para dirigir o controlar una discusión utilizando técnicas "ganar–ganar", planificando opciones para negociar los mejores acuerdos. Consiste en centrarse en el problema y no en la persona.

★ **Desarrollo de las personas:** Ayudar a que éstas crezcan intelectual y moralmente. Implica un esfuerzo constante por mejorar la formación y el desarrollo de los demás, a partir de un buen análisis previo de sus necesidades y de la organización. No consiste, desde luego, en enviar a las personas a cursos de formación, sino en un genuino esfuerzo por desarrollar a los demás.

★ ***Empowerment:*** Conceder poder y dar autoridad al equipo de trabajo, potenciándolo. Hace referencia a fijar claramente objetivos de desempeño con las responsabilidades personales correspondientes, a proporcionar dirección y definir responsabilidades; aprovechar claramente la diversidad (la heterogeneidad) de los miembros del equipo para conseguir un valor añadido superior en el negocio; combinar adecuadamente la situación, la persona y el tiempo; lograr una adecuada integración en el equipo de trabajo; compartir las consecuencias de los resultados con todos los involucrados; emprender acciones eficaces para mejorar el talento y las capacidades de los demás.

★ **Comunicación interpersonal:** Capacidad de demostrar una sólida habilidad de comunicación. Alentar a otros a compartir información y a valorar las contribuciones de los demás. En un concepto más amplio, comunicarse incluye saber escuchar y hacer posible que los demás tengan acceso fácil a la información que se posea.

★ **Calidad del trabajo:** Excelencia en el trabajo a realizar. Poseer la capacidad de comprender la esencia de los aspectos complejos, para transformarlos en soluciones prácticas para la organización, tanto en su propio beneficio como en el de los clientes y otros estamentos involucrados. Poseer buena capacidad de discernimiento. Compartir el conocimiento profesional. Demostrar constantemente el interés de aprender.

★ **Pensamiento estratégico:** Habilidad para comprender rápidamente los cambios del entorno, las oportunidades del mercado, las amenazas competitivas y las fortalezas y debilidades de su propia empresa a la hora de identificar la mejor respuesta estratégica. Capacidad para detectar nuevas oportunidades de negocio, comprar negocios en marcha, realizar alianzas estratégicas con clientes, con proveedores o, incluso, con competidores.

★ **Trabajo en equipo:** Implica la capacidad de colaborar y cooperar con los demás, de formar parte de un grupo y de trabajar juntos. Lo opuesto a hacerlo individual y competitivamente. Para que esta habilidad resulte efectiva, la actitud debe ser genuina. Es conveniente que el ocupante del puesto sea miembro de un grupo que funcione realmente en equipo, que, en su definición más amplia, es un grupo de personas que trabaja en procesos, tareas u objetivos compartidos.

★ **Resolución de problemas**: Es la capacidad de idear la solución que proporcionará una clara satisfacción del problema del cliente, atendiendo sus necesidades, problemas y objetivos de negocio del cliente y la factibilidad interna de resolución. Incluye la capacidad de idear soluciones a problemáticas del cliente no sólo presentes, sino también futuras.

★ **Persuadir:** Capacidad para seducir a un cliente para que éste adquiera un producto/servicio que responde o satisface una necesidad. También abarca la capacidad de buscar la ayuda de un tercero para cumplir este rol, cuando la persona tiene conciencia de no poseer esta habilidad.

★ **Iniciativa:** Actitud permanente de adelantarse a los demás. Se trata de la predisposición a actuar de forma proactiva y no de no pensar solamente en lo que hay que hacer en el futuro. Implica marcar el rumbo a través de acciones concretas, no únicamente mediante palabras.

★ **Emprendimiento:** Lo que define al emprendedor es que busca el cambio, responde a él y lo aprovecha como una oportunidad. Lo hace para sí mismo o para la empresa para la que trabaja. El emprendedor aporta su espíritu natural de transformación a su gestión cotidiana. Posee iniciativa y talento para los negocios y se transforma en el espíritu de estos. Vive y siente la actividad empresarial y los negocios.

La lista puede parecer interminable, y obviamente no se pueden dominar todas esas habilidades, pero el listado suministra pistas claras sobre qué habilidades tenemos que desarrollar. Volvamos ahora otra vez a un aspecto relacionado con la credibilidad del *coach*.

Hábitos varios

El compromiso y la credibilidad del líder resultan esenciales para que sus *coachees* estén convencidos de que se dirigen hacia un puerto seguro. En la actualidad, no resulta aceptable de ningún modo el "líder" que un día promete algo y, al día siguiente, incumple lo prometido. O aquel otro cuyos compromisos llegan hasta el día en el que es elegido para un cargo público determinado y, después, se olvida de sus electores y de las promesas realizadas para cautivar su respaldo.

El líder debe desarrollar, además de su propia visión personal, una visión de la causa que lidera para compartirla con todos sus *coachees* como herramienta para establecer dirección a sus acciones hacia el objetivo propuesto. El líder debiera administrar con el ejemplo, dentro de un marco de visibilidad permanente, para que así todo el mundo esté seguro de que realmente practica lo que predica.

Como guía para potenciar a sus *coachees*, el líder ha de procurar que en su empresa se elimine, o por lo menos se reduzca, la burocracia. Sólo así llegará a lo que se ha dado en denominar la "administración horizontal" que permite dividirla alrededor de sus procesos clave. Se exige pues un nuevo modelo organizativo a aquellas empresas que aún trabajan verticalmente, aquellas en donde las personas miran y están pendientes del jefe en lugar de mirar y estar centrados en los clientes, donde muchos niveles entorpecen los procesos de decisión y para quienes la lealtad tiene que ver con sus funciones y no con las metas de la organización.

Asimismo, el verdadero líder debería olvidarse de todos los parámetros dictados por la Revolución Industrial y aprender a delegar. De esta manera, no solamente podría dedicar su tiempo a los propósitos trascendentales de la organización sino también, paralelamente, aumentar la autoestima de sus *coachees*, enseñándoles que ellos también pueden hacerlo tan bien como él mismo. Con este proceder, no sólo logrará una mayor productividad, sino que además hará que el trabajo se convierta en un elemento más hacia la autorrealización de sus *coachees*.

Estos hábitos son:

★ **Tener una visión**: Además de su propio proyecto de vida, el líder basa sus acciones en una visión que comparte con sus *coachees*.

★ **Fijarse metas:** Está claro que para llegar al objetivo final es necesario ir logrando las metas intermedias que, además de representar el avance del proyecto, constituyen oportunidades para estimular y recompensar el arduo trabajo.

★ **Concentrarse en una sola cosa cada vez:** Aunque algunas personas cuentan con el don de poder considerar varios proyectos simultáneamente, resulta conveniente que, al tratarlos, se concentre en un único proyecto cada vez (aunque éstos se desarrollen paralelamente).

★ **Caminar el metro extra:** Significa que hay que ir siempre un paso más allá de lo necesario, con el fin de otear el futuro y de tener respuestas para lo que viene. Nunca se puede estar satisfecho con lo ya realizado, siempre hay algo más por hacer. Hay que salir de la zona de confort.

★ **Aprender:** La disciplina del aprendizaje es la característica del líder que quiere mantener su actualidad y, sobre todo, que sabe lo que está diciendo.

★ **Gestionar positivamente las relaciones:** En este mundo imperfecto, no existe ninguna razón para mantener malas relaciones con nadie, porque si las hubiese, entonces, no existiría relación alguna. Cuando el líder sabe distinguir los problemas personales de los problemas organizacionales, no tiene por qué mezclarlos, ya que cada cual tiene su ámbito particular para gestionarse apropiadamente.

★ **Gestionar positivamente los problemas:** Existen dos tipos de personas: aquellas que ven problemas en las soluciones y aquellas que ven oportunidades en los problemas. En este sentido, los problemas deben gestionarse como las oportunidades que son.

★ **Gestionar el tiempo:** Dado que el líder adquiere gran cantidad de compromisos que ha de cumplir, debe convertirse en un verdadero experto en la gestión del tiempo, de tal manera que su tiempo le posibilite satisfacer a todos los que esperan algo de él.

Efectivamente, podemos entender el liderazgo como un proceso de ejercer influencia sobre los demás hacia el logro de un objetivo que es aceptado por los *coachees*. El líder ha de poseer una visión, un sueño atractivo, que suministre un contexto de confianza. En tal sentido, las habilidades de *coaching* se relacionan con un perfil de líder inspirador, cuya principal herramienta de dirección es la formación de sus colaboradores.

En la práctica, las empresas y las personas están utilizando el concepto de "coaching" con relación a diferentes iniciativas.

Entre ellas, es posible identificar dos acepciones:

★ Proceso de cambio personal en el que una persona es orientada por un *coach*.
★ Habilidad que desarrollan quienes tienen responsabilidad en la conducción de equipos de trabajo.

El elemento común de ambas acepciones es la convicción de que, ante la necesidad de conseguir objetivos en equipo, resulta fundamental un estilo de conducción que permita que las personas "aprendan a aprender" y a dirigir su propio desarrollo. En este contexto, el rol del *coach* es generar las condiciones para que los demás descubran nuevas opciones e innoven con éxito.

En este proceso, el directivo participa en instancias de evaluación de sus habilidades y de su potencial para encarar los desafíos tanto presentes como futuros, en los cuales tiene la oportunidad de recibir *feedback*, aprender nuevas herramientas y ponerlas en práctica en un formato personalizado.

Las metodologías utilizadas en este proceso son muy diversas: análisis detallado de la agenda, revisión de relaciones significativas y estrategias utilizadas para resolver los conflictos, aplicación de instrumentos de evaluación de personalidad, habilidades, intereses y estilo personal, entrenamiento formal de habilidades con vídeo, *feedback* y acompañamiento al directivo en sus reuniones de trabajo, etc.

Este tipo de programa, aunque costoso en relación con el desarrollo de grupos, ofrece grandes beneficios. El directivo aprende a conocerse en un ambiente que le proporciona confianza, que le permite profundizar en el conocimiento de su nivel de habilidades y, al mismo tiempo, ejercitar dichas habilidades hasta consolidarlas como hábitos.

Las empresas definen de diferente manera los planes de trabajo. En compañías multinacionales, es práctica frecuente el que se asuman como parte de programas institucionales de tipo estándar, que son impartidos de acuerdo con directrices comunes y con etapas predefinidas. En empresas locales, el diseño varía y se ajusta a la medida, con mayor o menor inversión de recursos en las diferentes etapas del proceso.

Entre las etapas y las metodologías que se producen se incluye la **definición de un marco teórico** o del modelo de liderazgo y de *coaching*. La empresa precisa saber qué concepto de "coaching" utilizará y las habilidades involucradas. Pasos a seguir:

Definición del plan de trabajo y de la estrategia de comunicación: Etapa clave para reducir resistencias al cambio e involucrar a los participantes en el programa.

Proceso de evaluación de habilidades: Permite definir una línea base sobre la cual comparar el progreso, a la vez que aporta antecedentes de los puntos que requieren mayor desarrollo.

Devolución de información sobre la evaluación de habilidades y formulación de planes de desarrollo: Es frecuente que los profesionales reaccionen ante las evaluaciones con temor. Esto es debido a los riesgos reales o percibidos ante el hecho de que aparecer con debilidades pueda constituir un perjuicio para el desarrollo de su carrera profesional. Toda empresa que realice evaluaciones debe ser clara y consistente y hacer buen uso de la información, comunicando los resultados a los participantes con total transparencia.

Iniciativas de desarrollo: Planes que apuntan al cambio de prácticas a través del aprendizaje de habilidades.

Algunas opciones posibles son:

Coaching personalizado: Corresponde al formato descrito anteriormente en el que el directivo desarrolla un aprendizaje individual.

Entrenamiento personalizado: Difiere del *coaching* ya que se concentra en el ejercicio de habilidades, sin explorar otras áreas como la situación de vida, las proyecciones de carrera, etc.

Desarrollo de equipo: Seminarios y talleres orientados a proporcionar una experiencia de aprendizaje estándar a un grupo de directivos.

Rotación de cargos: Asignación a proyectos. Oportunidad de adquirir y de ejercitar en vivo ciertas habilidades.

Evaluación de resultados: Aplicación de instrumentos de medición para evaluar progresos, tales como exámenes de desempeño y de potencial 360 grados o aplicación de métodos como la entrevista de incidentes críticos, habitualmente utilizada para trabajar perfiles de habilidades.

Definición de opciones de carrera: Al disponer de datos sobre los talentos de sus directivos, la empresa está en condiciones de adoptar mejores decisiones en la asignación de nuevos cargos y, al mismo tiempo, de orientar al directivo en la definición de sus propias metas de aprendizaje y del desarrollo de su carrera.

Veamos entonces, de forma práctica, cómo recorrer el camino hacia un liderazgo operativo, sobre el cual se sustentará nuestra labor como *coach*. Para empezar, hemos de desarrollarnos como líderes.

DESARROLLARSE COMO LÍDER

Imaginemos la situación siguiente: usted dirige ahora mismo con un determinado nivel de habilidad. Para concretar digamos que, en una escala de 1 a 10, su capacidad de liderazgo se encuentra en el nivel 6. La evidencia es la siguiente: la efectividad de su trabajo nunca sobrepasará a su capacidad de dirigir e influir en los demás. Una persona no puede producir, de forma sostenida, un nivel más elevado que el del liderazgo.

En otras palabras, su capacidad de liderazgo determina su nivel de éxito y el éxito de los que trabajan con usted.

La buena noticia es que el liderazgo, sin duda, es algo que se puede enseñar.

Ejercer el liderazgo no implica inscribirse en algún club exclusivo reservado a los que ya nacieron con ese don. Las características personales que constituyen la materia prima del liderazgo se pueden adquirir. Conecte con el deseo de ser líder y nada le impedirá llegar a serlo.

El liderazgo se desarrolla, no se manifiesta. Desde luego, siempre aparecerá un verdadero "líder nato", pero para permanecer en la cúspide, conviene desarrollar las características propias del liderazgo.

1– El líder nato:

★ Nace con cualidades de liderazgo.
★ Ha visto modelarse el liderazgo a través de toda la vida.
★ A través de su desarrollo, ha aprendido más sobre liderazgo.
★ Posee autodisciplina para llegar a ser un gran líder.
★ Resulta, a todas luces, evidente que tres de estas cuatro cualidades se adquieren.

2– El líder que se ha formado:

★ Ha visto modelarse el liderazgo la mayor parte de su vida.
★ Ha aprendido sobre liderazgo por medio del desarrollo.
★ Cuenta con autodisciplina para llegar a ser un gran líder.

Estas otras tres cualidades se adquieren.

3– El líder latente:

★ Ha visto modelarse el liderazgo recientemente.
★ Está aprendiendo a ser líder a través del desarrollo.
★ Posee autodisciplina para llegar a ser un buen líder.

También estas tres cualidades se adquieren.

4– El líder limitado:

★ Tiene pocos nexos o ninguno con líderes.
★ No ha recibido desarrollo o este ha sido escaso.
★ Tiene deseos de llegar a ser líder.

Estas tres cualidades pueden adquirirse.

Además...

Los gestores líderes:

★ Son pensadores con una visión a largo plazo que vislumbran más allá de los problemas del día y de los informes trimestrales.

★ Se interesan por sus organizaciones, sin limitarse a las unidades que dirigen.

★ Quieren saber cómo se interrelacionan, unos con otros, todos los departamentos de la empresa y, constantemente, traspasan sus fronteras, áreas específicas de influencia.

★ Enfatizan la visión, los valores y la motivación.

★ Cuentan con una fuerte capacidad política para afrontar los conflictos inherentes a los múltiples constituyentes.

★ No aceptan el *status quo*.

Resumiendo

★ Saber cómo hacer un trabajo es el logro del esfuerzo laboral.

★ Mostrar a otros cómo lograrlo es el logro de un maestro.

★ Asegurarse de que el trabajo sea hecho por los demás es el logro de un gestor.

★ Inspirar a otros para hacer un mejor trabajo es el logro de un líder.

Profundicemos con más detalle lo expuesto últimamente.

NIVELES DE LIDERAZGO

Todos somos conscientes de que existen innumerables definiciones y descripciones de "liderazgo". ¿En qué consiste, realmente, ese asunto que llamamos "liderazgo"? Y sobre todo, ¿qué es un "liderazgo operativo" como el que necesitamos para hacer *coaching*?

Quizá debido a que muchos deseemos ser líderes –suena muy bien–, con frecuencia, solemos involucrarnos emocionalmente al detenernos a definir el liderazgo. O tal vez sea porque conocemos (o hemos conocido) a un líder, tratamos de copiar su comportamiento y de describir el liderazgo como una personalidad.

En realidad, el liderazgo tiene que ver con influencia. Con influir en los demás.

Una vez que uno ha definido al liderazgo como la capacidad de influir para desarrollar *coachees*, conviene tener claro cómo hacerlo.

Y ahí radica precisamente el problema. La mayoría de personas definen el liderazgo como la capacidad de alcanzar una posición, no de desarrollar *coachees*. Por lo tanto, van detrás de una posición, de un rango o de un cargo y cuando, definitivamente, lo adquieren, piensan que ya son líderes. Esta forma de razonar genera dos problemas asociados: los que poseen el "estatus" de "líder" –en realidad de jefe– experimentan, a menudo, la frustración de tener pocos *coachees*; y los que carecen de esos títulos o cargos, pueden no visualizarse como líderes y, por esa razón, no desarrollar habilidades de líderes.

LA INFLUENCIA

Todos ejercemos influencia en otras personas. Todos nosotros dirigimos en determinadas áreas, mientras que en otras somos dirigidos. A nadie se le exime de ser líder o de ser seguidor. Hacer efectivo nuestro potencial de líder es responsabilidad de cada uno. En cualquier situación concreta, con cualquier grupo específico, existe una persona que ejerce una influencia prominente. Esta persona puede ser distinta con un grupo diferente de personas o, en una situación diferente, esa misma persona puede pasar a ser alguien que recibe la influencia de otra persona. En el caso que nos ocupa, el *coach* es un líder o, por lo menos, debiera serlo para ejercer su papel convenientemente.

El líder prominente de cualquier grupo, puede descubrirse muy fácilmente. Observe a las personas cuando estas se reúnen. Si se decide algo, ¿quién es la persona cuya opinión parece de mayor valor? ¿A quién observan más los demás cuando se discute un asunto? ¿Con quién se ponen de acuerdo más rápidamente? Y lo que es más importante, ¿a quién siguen las personas? Las respuestas a estas preguntas le ayudarán a discernir quién es el verdadero líder de un grupo en particular.

Un verdadero líder conoce la diferencia entre ser un jefe y ser un líder:

1. El jefe maneja a sus *coachees*. El líder los capacita.
2. El jefe depende de la autoridad. El líder, de la buena voluntad.
3. El jefe inspira temor. El líder, entusiasmo.
4. El jefe dice "yo". El líder dice "nosotros".
5. El jefe arregla la culpa por el fracaso. El líder arregla el fracaso.
6. El jefe sabe cómo se hace. El líder muestra cómo se hace.
7. El jefe dice: "Vayan". El líder dice: "¡Vamos!".

En general, se admite que existen distintos niveles de liderazgo

Nivel 1: Función o posición (o falso liderazgo)

Este es el nivel básico de entrada al liderazgo. La única influencia que se detenta proviene de un título.

Una persona puede ocuparse del "control" porque ha sido nombrada para ocupar una determinada posición. Desde ésta puede, desde luego, detentar autoridad. Sin embargo, el verdadero liderazgo es mucho más que poseer autoridad, es algo más que haber recibido desarrollo técnico y seguir los procedimientos. El verdadero liderazgo consiste en convertirse en la persona a quien otros seguirán.

Y las personas, con toda seguridad, no seguirán a un líder "posicional" más allá de su autoridad establecida. En tal situación, harán solamente lo que tengan que hacer cuando se les solicite (es decir, lo mínimo). Cuando el líder carece de confianza, los *coachees* carecen de compromiso.

Los líderes "posicionales" encuentran más dificultades al trabajar con voluntarios, con *coachees* y con personas jóvenes. A la mayoría de nosotros se nos ha enseñado que el liderazgo es una posición. Sin embargo, nos sentimos frustrados cuando nos percatamos de que pocas personas nos siguen por nuestros títulos o cargos. Nuestro éxito, al dirigir a otras personas, depende de nuestra habilidad para seguir ascendiendo en la escala de los distintos niveles del liderazgo.

Nivel 2: Permiso (o de relaciones)

El liderazgo florece con una relación significativa, no con más reglas.

Los "líderes" que están en el nivel de "posición" a menudo dirigen por intimidación.

En contraste con lo anteriormente descrito, una persona situada en el "nivel de permiso" dirigirá por interrelaciones. La agenda no tiene que ver con "la ley del más fuerte" sino con el desarrollo de las personas. En este nivel, el tiempo, la energía y el enfoque se centran en las necesidades y en los deseos de la persona. Aquellas que no pueden construir relaciones sólidas y duraderas, pronto descubrirán que son incapaces de sostener un liderazgo efectivo y permanente.

Nivel 3: Resultados

En este nivel, comienzan a producirse situaciones interesantes. Las ganancias aumentan. El estado de ánimo se eleva. Se atienden las necesidades. Se alcanzan las metas. Junto con este crecimiento, viene el gran momento. Dirigir e influir en los demás es algo agradable. Los problemas se resuelven con un mínimo esfuerzo. Cada integrante está orientado hacia los resultados. En realidad, los resultados constituyen la principal razón de ser de la actividad.

Existe una gran diferencia entre los niveles 2 y 3. En el nivel de "relaciones", las personas se reúnen solamente para estar juntas. No existe otro objetivo. En el nivel de los "resultados", se reúnen para conseguir un propósito. Les gusta reunirse para estar juntas, pero les encanta estar juntas para conseguir algo. En otras palabras, están orientadas hacia los resultados.

Nivel 4: Desarrollo humano (modificación de comportamientos)

Al verdadero líder se lo reconoce porque, de alguna manera, sus colaboradores muestran siempre un desempeño superior.

Un líder es grande, no por su poder, sino por su habilidad de hacer aflorar el poder en los demás. El éxito sin que se pueda transmitir a otros es, en realidad, un fracaso. La principal responsabilidad de un empleado es realizar adecuadamente su trabajo. La principal responsabilidad de un líder es capacitar a otros para hacer el trabajo.

La lealtad al líder alcanza su máximo nivel cuando la persona que sigue al líder ha crecido personalmente gracias a la dirección suministrada por aquel.

Examinemos con más detenimiento dicha progresión. En el nivel 2, el seguidor ama al líder; en el nivel 3, el seguidor admira al líder; en el nivel 4, el seguidor es leal al líder. ¿Por qué? Porque uno obtiene el corazón de las personas cuando ayuda a que éstas crezcan, siempre que salga de ellas mismas.

Adicionalmente, se produce, no obstante, un problema potencial al ascender, como líder, los niveles de influencia y al sentirse cómodo con el grupo que uno ha capacitado para que lo rodee: uno puede no darse cuenta de que muchas personas nuevas lo contemplan como un líder "posicional" debido a que no tiene contacto con ellas.

Nivel 5: Personalidad. El líder carismático

Es posible llegar a este nivel, aunque normalmente se posee de nacimiento (es una mezcla de habilidad de comunicación, de visión y de conocimiento). Si no es nuestro caso –lo cual es la circunstancia más habitual–, antes de llegar hasta aquí se ha de trabajar muy duro en los niveles inferiores.

Algunas enseñanzas adicionales sobre los niveles del liderazgo

★ Cuanto más alto se sube, más tiempo se necesita.

★ Cada vez que se produce un cambio en su trabajo o cada vez que usted se une a un nuevo grupo de personas, se sitúa de nuevo en el nivel más bajo de estos escalones.

★ Cuanto más alto se sube, más alto es el nivel de compromiso.

★ Cuando uno, ya tenga el papel de líder o el de seguidor, no desea realizar los sacrificios que exige el nuevo nivel, la influencia comienza a decrecer.

★ Cuanto más alto se sube, más sencillo es dirigir.

Fíjese en la progresión del nivel 2 al nivel 4. El enfoque oscila desde despertar simpatías hacia nuestra persona a despertar simpatías hacia lo que uno hace en favor del interés común de los *coachees*. Cada nivel alcanzado por el líder o por los *coachees* constituirá una razón más para que las personas deseen seguirlo.

Mientras más alto se sube, mayor es el crecimiento. El crecimiento se produce únicamente cuando tienen lugar cambios efectivos. A medida que ascienda en los distintos niveles de liderazgo, los cambios resultarán más sencillos. Conforme uno va subiendo, los demás le permitirán y lo ayudarán a realizar los cambios necesarios.

Recuerde, sin embargo, que cada nivel se sustenta sobre el anterior y que la escalera se derrumbará si descuida el nivel inferior sobre el cual está construido. Por ejemplo, si pasa de un nivel de permiso (relaciones), a un nivel de producción (resultados) y deja de preocuparse por las personas que lo siguen y lo ayudan a producir, podría desarrollar en estas personas el sentimiento de que están siendo utilizadas. A medida que uno se traslada de un nivel a otro, el liderazgo con una persona (o grupo de personas) deberá ser más profundo y, al mismo tiempo, más sólido.

Si dirige un grupo de personas, evidentemente, no estará en el mismo nivel con cada una de ellas. Cada *coachee* requiere un trato personalizado, no todas las personas responderán de la misma manera a su liderazgo.

A continuación, se presenta una lista orientadora de las distintas características que deben manifestarse antes de que sea posible el avance a otro nivel superior:

Nivel 1: Posición/derechos

✓ Conozca bien en qué consiste su trabajo (descripción de trabajo).

✓ Conozca la historia de la organización.

✓ Relacione la historia de la empresa con las personas que trabajan en ella (en otras palabras, sea un jugador de equipo).

✓ Acepte la responsabilidad.

✓ Haga su trabajo con una excelencia duradera.

✓ Haga más de lo que se espera de usted (aporte valor añadido).

✓ Ofrezca ideas creativas de cambio y mejora.

Nivel 2: Permiso/relaciones

★ Demuestre un genuino interés por las personas.

★ Haga más exitosos a quienes trabajan con usted.

★ Observe a través de los ojos de otras personas.

★ Muestre más interés en las personas que en los procedimientos.

★ Triunfe o no haga nada.

★ Acompáñese de otras personas en su trayectoria.

★ Trate a las personas difíciles con empatía.

Nivel 3: Producción/resultados

★ Inicie y acepte la responsabilidad de crecer.

★ Desarrolle y siga una declaración de propósito.

★ Haga de su descripción de trabajo y de la energía, una parte integrante de la declaración de propósito.

★ Desarrolle el sentimiento de responsabilidad por los resultados, comenzando por usted mismo.

★ Conozca y haga las cosas que proporcionan una alta retribución.

★ Comunique la estrategia y la visión de la empresa.

★ Conviértase en un agente del cambio y detecte cuándo es el momento oportuno para realizarlo.

★ Adopte las decisiones difíciles que conduzcan a un cambio.

Nivel 4: El desarrollo humano

★ Comprenda que las personas son su activo más valioso.
★ Otorgue prioridad al desarrollo de las personas.
★ Conviértase en un modelo a imitar por los demás.
★ Ponga todos sus esfuerzos de liderazgo en el 20 % de las personas de un nivel más alto.
★ Exponga a los líderes clave a oportunidades de crecimiento.
★ Atraiga a otros ganadores/productores hacia la meta común.
★ Entréguese de corazón de tal manera que esto complemente su liderazgo.

Nivel 5: Personalidad/respeto

★ Sus *coachees* son leales y están dispuestos a sacrificarse.
★ Usted ha pasado años dirigiendo y formando líderes.
★ Usted ha llegado a ser un estadista/asesor y es buscado por otros.
★ Su mayor satisfacción se deriva de observar el desarrollo y el crecimiento de los demás.
★ Usted trasciende la organización.

Examinemos algunos elementos que nos van a ayudar en esa progresión.

EL *COACH* Y EL CAMBIO

Un aspecto importante procede del hecho de que si lo que decimos y lo que hacemos va en la misma línea, los resultados serán coherentes. Por ejemplo:

125

★ Si comento a los *coachees*: "Hay que ser puntuales", yo tengo que ser el primero en cumplir con esa premisa. De esta forma, ellos serán también puntuales al llegar al trabajo.

★ Si subrayo ante los *coachees*: "Hay que ser positivos", yo debiera ser la persona que detente y demuestre una actitud más positiva. Así, ellos tenderán igualmente a adoptar una actitud positiva.

★ Si digo a los *coachees*: "Siempre hay que situar al cliente en primer plano". Yo debiera ser la persona que sitúe al cliente en una posición más relevante. Haciéndolo así, los *coachees* se inclinarán a situar al cliente en primer lugar.

Si lo que uno hace y lo que uno dice no están en sintonía, los resultados no serán coherentes. Como consecuencia de ello, tenderemos a producir confusión en los demás, en primer término, y falta de credibilidad, al final.

★ Por ejemplo, si uno señala a los *coachees*: "Hay que ser puntuales" y llega, de forma más o menos recurrente, tarde al trabajo, los *coachees* verán una ausencia de credibilidad de nuestros actos en relación con nuestras palabras.

★ Si uno dice a los *coachees*: "Hay que ser positivos", y muestra una actitud negativa con frecuencia, no estará actuando de forma coherente ante los *coachees*.

★ Si uno dice a los *coachees*: "Hay que situar al cliente en primer lugar" y, posteriormente, antepone sus caprichos e intereses a los del cliente, los *coachees* se mostrarán confusos e incrédulos respecto a tal afirmación.

La imagen, al fin y al cabo, tiene que ver con lo que los demás piensan que somos. La integridad está relacionada con

Liderazgo y coaching

lo que en realidad somos. Lo ideal es que ambas cosas muestren sintonía. Aquí se inicia un debate que voluntariamente dejaremos abierto, para que cada uno conteste según su criterio y su confianza. Una de las principales premisas a la hora de hacer cualquier cosa es transmitir integridad. Idealmente, esa integridad es real, pero si aun no siendo íntegros conseguimos transmitir ese sentimiento, entonces también funciona. Conviene también ser precavido: no se puede engañar a todo el mundo todo el tiempo. Así que mucho cuidado si se opta por la vía "fácil".

Objetivo: producir un cambio positivo

Los "líderes" –en este caso, no líderes reales– que no cambian se inscriben en empresas que no cambian. Las personas tienden a hacer lo que ven.

Observemos que 5 de los 12 puntos problemáticos de un líder potencial que se enumeran a continuación están relacionados con la falta de voluntad para cambiar:

✓ Entiende poco a las personas.
✓ Carece de imaginación.
✓ Tiene problemas personales.
✓ Echa las culpas a los demás.
✓ Se siente seguro y satisfecho.
✓ No es organizado.
✓ Monta en cólera.
✓ No corre riesgos.
✓ Es inseguro y está a la defensiva.
✓ Es inflexible.
✓ No tiene espíritu de equipo.
✓ Se resiste al cambio.

Una vez que el líder ha cambiado personalmente y ha discernido la diferencia entre un cambio novedoso y uno que se necesitaba, debe convertirse en agente del cambio. En este

127

mundo de modificaciones rápidas y discontinuidades, el líder debe estar al frente para propiciar el cambio y el crecimiento, y mostrar la manera de conseguirlo. En primer lugar, debe comprender los dos requisitos indispensables para producir un cambio: conocer los requerimientos técnicos de éste y comprender la actitud para producirlo.

Cambia el líder, cambia la organización

Ambos requisitos son extremadamente necesarios. No obstante, la mayor parte de las veces, cuando no se logra el cambio es debido a que ha existido una motivación inadecuada, no por falta de habilidades técnicas.

Cambio igual a crecimiento

Parece obvio subrayar que un gestor, por lo general, estará más capacitado para abordar los requerimientos técnicos del cambio, mientras que el líder tenderá a conocer mejor las exigencias motivadoras y de actitud que necesitan los *coachees*. Observe la diferencia: al comienzo, las habilidades del líder son esenciales. Ningún cambio ocurrirá si no se abordan adecuadamente las necesidades psicológicas de los actores. Una vez que se inicia el cambio, se precisan las habilidades del gestor para mantener el cambio que se necesita.

Cuando ha concluido el cambio, la labor de éste ha terminado. No hay nada más difícil de hacer, más peligroso de llevar a cabo o más incierto que introducir cambios. ¿Por qué? El líder tiene por enemigos a todas aquellas personas que han realizado un buen trabajo en las antiguas condiciones, y cuenta sólo como partidarios a aquellas que podrían hacer las cosas bien con el cambio.

La resistencia al cambio es universal. Se puede encontrar en todas las clases y en todas las culturas. Agarra a cada generación por la garganta e intenta detener todos los movimientos hacia el progreso. Muchas personas bien educadas, después de ser confrontadas con la verdad, no han querido cambiar de idea.

El cambio no comienza solo

Cuando las personas no detentan la paternidad de una idea, por lo general, se resisten a esa idea, incluso aunque ésta redunde en el propio beneficio. A nadie le gusta la idea de ser manipulados, ni de sentirse peones del sistema. Los líderes sabios permiten a sus *coachees* realizar aportaciones y constituirse en parte del proceso de cambio. La mayor parte del tiempo, la clave radica en la actitud.

Por regla general, si uno es quien inicia el cambio estará a favor de él; mientras que si alguna otra persona nos lo impone, suele provocar que nos opongamos a éste.

La rutina se altera

Los hábitos nos permiten realizar las cosas sin pensar mucho, por eso la mayoría de personas tememos a los cambios. Los hábitos no tienen relación con los instintos. Se trata de reacciones adquiridas. No suceden espontáneamente: los creamos. Primero, formamos hábitos, pero luego éstos nos forman. El cambio amenaza nuestros patrones de hábito y nos obliga a pensar, a reevaluar y, a veces, incluso, a olvidar el comportamiento pasado.

El cambio produce temor a lo desconocido

El cambio implica navegar por aguas desconocidas y esto, ciertamente, nos produce inseguridad. Por eso, muchas personas se sienten más cómodas con los viejos problemas que con las nuevas soluciones.

Algunas personas se abren al cambio siempre y cuando éste no les ocasione inconvenientes ni les cueste nada.

El propósito del cambio no está claro

Los *coachees* se resisten al cambio cuando lo conocen a través de una fuente de segunda mano. Cuando ya se ha tomado una decisión, cuanto más tiempo pase entre que los *coachees* conoz-

JD Roman-Manuel Ferrández

can esa decisión y cuanto más lejos esté el cambio deseado del que tomó la decisión, con más resistencia se opondrán. Por este motivo, las decisiones deben adoptarse en el nivel más bajo posible. De este modo, el responsable de tomar la decisión, dada la proximidad con el asunto, adoptará una de más calidad y las personas más directamente afectadas por esta la conocerán a través de una fuente cercana a ellos y al problema.

El cambio produce temor al fracaso

Las recompensas del cambio no se equiparan al esfuerzo que éste requiere. Y las personas, por lo general, no cambiarán hasta que se percaten de que las ventajas de cambiar superan a las desventajas de continuar con las cosas tal como están.

Los líderes, en ocasiones, no caen en la cuenta de que los *coachees* siempre sopesarán las ventajas y las desventajas del cambio a la luz de las ganancias o pérdidas personales, no de las ganancias o pérdidas organizacionales.

Las personas solemos estar demasiado satisfechas con las cosas como están, por eso no se producirá cambio alguno si estamos empeñados en pensar de manera negativa.

Cuando a los *coachees* no les gusta el "líder" que supervisa el cambio, esos sentimientos negativos les impiden observar el cambio con objetividad. En otras palabras, las personas contemplan el cambio de manera similar a la que perciben al agente del cambio.

El líder es susceptible ante la crítica

Algunos líderes se resisten al cambio. Por ejemplo, si un líder ha desarrollado un programa que, posteriormente, se ha dejado de lado por algo mejor, él puede percibir tal cambio como un ataque personal y, en consecuencia, reaccionar defensivamente.

En aras del crecimiento y de una efectividad continua, toda empresa debiera transitar por un ciclo de cuatro etapas: crear, conservar, criticar y cambiar.

El cambio puede significar pérdida personal

Cuando el cambio es inminente, la pregunta que uno se formula es: "¿Cómo me afectará?". La pregunta pertinente, más bien, estaría más cerca de ésta: "¿Qué gano yo con esto?". Por lo general, dentro de cualquier empresa, existen tres grupos de personas con relación al cambio:

1. los que perderán;
2. los que son neutrales; y
3. los que se beneficiarán.

Cada grupo es ostensiblemente diferente y debería ser gestionado con sensibilidad, pero también con rectitud.

Conviene tener presente que el cambio puede ser visto como revolucionario (algo totalmente diferente de lo que ha sido) o como evolutivo (un refinamiento de lo que ha sido). Desde luego, resulta mucho más sencillo presentar el cambio como un simple refinamiento de "la forma como lo hemos estado haciendo", que como algo grande, nuevo y completamente diferente. Cuando se plantea una propuesta de cambio a la organización, las personas pueden situarse en una de las siguientes categorías con relación a su respuesta:

1. Los adoptadores tempranos: Son los que reconocen una buena idea cuando la ven. Su opinión es respetada en la organización. Aunque no originaron la idea, tratarán de convencer a otras personas para aceptarla.
2. Los adoptadores medios: Son la mayoría. Responderán a las opiniones de los demás. Por lo general, son razonables en el análisis de una nueva idea, pero se inclinan a mantener el *status quo*. Pueden ser influenciados por las personas influyentes (positivos o negativos) de la empresa.
3. Los adoptadores tardíos: Constituyen el último grupo en apoyar una idea. A menudo, argumentan contra los

cambios propuestos y tal vez nunca lleguen a expresar verbalmente su aceptación. Por lo general, adoptarán esos cambios si la mayoría los apoya.
4.Los rezagados: Están siempre contra el cambio. Su compromiso se decanta taxativamente con el *status quo* y con el pasado. A menudo, tratan de generar división dentro de la empresa.

Por otra parte, el proceso evolutivo de un cambio exitoso dentro de la organización puede concretarse y resumirse en una serie de pasos.

Paso 1
Ignorancia: Los *coachees* no sienten ninguna dirección unificada, ni tienen un sentido de prioridades. Se encuentran "en tinieblas".

Paso 2
Información: Se proporciona a las personas información general. Al comienzo, no se aceptan las ideas de cambio.

Paso 3
Infusión: La penetración de ideas nuevas en el *status quo* puede producir una confrontación con la apatía, el prejuicio y la tradición. La tendencia general es concentrarse en los problemas.

Paso 4
Cambio individual: Los "adoptadores tempranos" comienzan a observar los beneficios del cambio propuesto y lo aceptan. Las convicciones personales reemplazan a la complacencia.

Paso 5

Cambio organizacional: Se discuten los dos lados del asunto. Se detecta una actitud menos defensiva y una mayor apertura ante los cambios propuestos.

Paso 6

Aplicaciones desmañadas: Se experimentan algunos fracasos y algunos éxitos a medida que el cambio se va implantando. El proceso de aprendizaje es rápido.

Paso 7

Integración: La torpeza decrece y aumenta el nivel de aceptación. Se manifiesta un creciente sentido de realización y una ola secundaria de resultados y de éxitos.

Paso 8

Innovación: Los resultados significativos producen confianza y una voluntad de aceptar los riesgos. El resultado es la aparición de una voluntad para cambiar más rápida y marcadamente.

Cuando se lleva a cabo este paso, la empresa (como un todo) se siente deseosa de pasar por el proceso otra vez. El principal efecto del proceso se percibe cuando a la mayoría de los miembros de la empresa se les expone repetidamente la nueva idea.

1º Planteamiento:

"Rechazo esa idea porque entra en conflicto con mis ideas preconcebidas".

2º Planteamiento:

"Bueno, entiendo el cambio, pero no puedo aceptarlo".

3º Planteamiento:
"Estoy de acuerdo con la idea pero tengo reservas en cuanto a su aplicación".

4º Planteamiento:
"Esa idea expresa muy bien lo que siento al respecto".

5º Planteamiento:
"He puesto en práctica esa idea ahora. ¡Es sensacional!".

6º Planteamiento:
"Ayer le di esa idea a alguien. En el sentido más exacto de la palabra, la idea ahora me pertenece".

Cómo conseguir que los demás "compren" el cambio

1. Informe a las personas con anticipación para que tengan tiempo de pensar sobre las implicaciones del cambio y de cómo éste las afectará.

2. Explique los objetivos generales del cambio, las razones de llevarlo a cabo y cómo y cuándo se realizará.

3. Muestre a las personas cómo las beneficiará el cambio. Sea franco con aquellos *coachees* que puedan perder algo como consecuencia del cambio. Alértelas a tiempo y proporcióneles ayuda para que puedan encontrar otro trabajo si fuera necesario.

4. Pida, a quienes se verán afectados por el cambio, que participen en todas las etapas del proceso.

5. Mantenga abiertos los canales de comunicación. Dé oportunidad a que los *coachees* discutan el cambio. Incite a las personas a que formulen preguntas, a que emitan comentarios y a que proporcionen *feedback*.

6. Sea flexible y versátil durante todo el proceso. Admita las equivocaciones e incorpore las enmiendas que sean necesarias.

7. Demuestre en todo momento su fe y su entrega al cambio. Demuestre su confianza en la capacidad de los *coachees* para implementar el cambio.

8. Comunique entusiasmo, proporcione ayuda, manifieste aprecio y reconocimiento a quienes están llevando a cabo el cambio.

Asumir que el cambio tendrá lugar

La pregunta no tendría que ser: "¿Cambiaremos alguna vez?" Si no, más bien, "¿Cuándo y cuánto cambiaremos?". Nada permanece igual excepto el propio hecho de que el cambio siempre está presente.

Mantenerse al día con los cambios e informar a la organización de éstos constituye un reto constante para cualquier líder.

No todo cambio implica necesariamente mejora, pero sin el cambio no puede producirse mejora.

Cambio = crecimiento; cambio = sufrimiento

El cambio representa tanto las posibles oportunidades como las pérdidas potenciales. Resulta patente que el cambio propuesto se convierte en un desastre cuando:

★ Es una mala idea.
★ No es aceptado por los influyentes.
★ No es presentado de manera efectiva.
★ Sirve a los intereses de los líderes.
★ Se basa únicamente en el pasado.
★ Son demasiados y suceden muy rápidamente.

El *COACH* y sus herramientas de motivación

Existen esencialmente cuatro razones básicas por las que las personas no cumplen como deberían hacerlo:

1. No saben lo que deberían saber.
2. No saben cómo hacerlo.
3. No saben por qué deberían hacerlo.
4. Hay obstáculos fuera de control.

Estas cuatro razones por las que las personas no cumplen desplegando todo su potencial constituyen, sin duda, responsabilidades asociadas al liderazgo. Las tres primeras razones se refieren a comenzar un trabajo bien. Un programa de desarrollo, una descripción de trabajo, contar con las herramientas adecuadas y con la visión, mantener una buena comunicación suponen un largo camino hacia el cumplimiento efectivo de las tres primeras razones.

La cuarta y última razón ocasiona que muchas personas no puedan conseguir su potencial desempeño. Los problemas surgen continuamente en el trabajo, en el hogar y en todos los ámbitos. Es evidente que a las personas no nos gustan los problemas, nos cansamos pronto de ellos y tendemos a hacer todo lo posible para librarnos de ellos. Lo dicho provoca que otras personas pongan las riendas del liderazgo en manos de usted, si es que está dispuesto y puede atacar los problemas de los demás o capacitarlos para resolverlos. Siempre será necesario contar con habilidades para resolver problemas, pues evidentemente las personas siempre tendremos problemas. Y, cuando éstos aparecen, observe con atención adónde acuden las personas en busca de solución.

La prueba del líder es desarrollar la capacidad de reconocer un problema antes de que éste se convierta en una emergencia.

En condiciones de un liderazgo efectivo, un problema rara vez adquiere proporciones gigantescas porque suele ser reconocido, gestionado y solucionado en sus etapas iniciales.

Los grandes líderes, por lo general, reconocen un problema en la siguiente secuencia:

1. Lo presienten antes de verlo (intuición).
2. Comienzan a buscarlo y formulan preguntas (curiosidad).
3. Reúnen información (procesamiento).
4. Expresan sus sentimientos y sus descubrimientos con unos cuantos colegas de confianza (comunicación).
5. Definen el problema (escritura).
6. Revisan sus recursos (evaluación).
7. Adoptan una decisión (dirección).

Y todo eso lo consiguen principalmente a causa de su actitud; y al igual que nuestras actitudes constituyen un elemento esencial en nuestras vidas cotidianas, también son muy importantes a la hora de dirigir a otras personas. El liderazgo tiene menos que ver con la posición que con la disposición. La disposición de un líder es trascendental porque ejercerá influencia en la manera en cómo los *coachees* piensan y sienten.

Los grandes líderes saben que una actitud adecuada genera la atmósfera ideal para que los demás respondan dando lo mejor de sí mismos.

Nuestras actitudes son, pues, nuestro activo más importante. Tal vez no sean el activo que haga de nosotros grandes líderes, pero sin unas actitudes adecuadas jamás llegaremos a desarrollar todo nuestro potencial. Nuestras actitudes son las que nos otorgan ese pequeño margen extra sobre aquellos que piensan equivocadamente.

Un informe publicado hace unos años en Estados Unidos, señalaba que el 94% de todos los directivos cuyas empresas estaban incluidas entre las "Fortune 500" atribuían su éxito más a la actitud que a cualquier otro ingrediente.

Recientemente, una conocida empresa de investigación solicitó a los vicepresidentes y a los directores de personal de las cien corporaciones más grandes de Estados Unidos que mencionaran la razón más importante por la que llegaban a despedir a un empleado.

Sus respuestas son muy interesantes y destacan la relevancia de la actitud en el mundo de los negocios. Éstas son las razones que arguyeron:

* ★ Incompetencia: 30%
* ★ Incapacidad para trabajar con otros: 17%
* ★ Deshonestidad o mentira: 12%
* ★ Actitud negativa: 10%
* ★ Falta de motivación: 7%
* ★ Errores o negativas para seguir las instrucciones: 7%
* ★ Otras razones: 8%

Conviene destacar que, aunque la ausencia de habilidad (aptitud) ocupa el primer lugar en la lista, las cinco siguientes razones están directamente relacionadas con asuntos de actitud.

La diferencia radica, por consiguiente, en la actitud. Las personas con pensamientos negativos pueden comenzar bien, tener unos cuantos días buenos e incluso ganar un partido. Sin embargo, tarde o temprano (por lo general, temprano), sus actitudes los derrumbarán.

Somos responsables de nuestras actitudes. Nuestro destino en la vida no será determinado jamás por nuestro espíritu quejumbroso o por contar con unas elevadas expectativas. Una frase de un célebre escritor resulta muy apropiada en este punto: "El pesimista se queja del viento. El optimista espera que cambie. El líder ajusta las velas".

Tenga también en mente el celebérrimo modelo del círculo de preocupación, de influencia y de control de Stephen Covey.

Así, pues, la actitud del líder contribuye y ayuda a influir sobre las actitudes de los *coachees*, ya que el liderazgo es, ante todo, influencia. Las personas se contagian de las actitudes igual como se contagian de los resfriados: acercándose.

Esa ley también es aplicable al campo de la influencia. Es más, los efectos se multiplican con la influencia de un líder. La acción de un líder se multiplica como si de una reacción se tratase porque tiene varios *coachees*. Emitir una sonrisa genera muchas otras sonrisas. Manifestar ira desata ira en los demás. Existen pocas víctimas reales del destino. Los generosos reciben ayuda y a los mezquinos se les niega.

Precisamente uno de los secretos de la motivación consiste en generar un ambiente en el que las personas estén libres de las influencias que desmotivan.

Pero ¿qué motiva realmente a las personas? Existen abundantes modelos teóricos sobre motivación. Aquí hemos simplificado algunos de ellos, sin jerarquizarlos.

Realizar contribuciones significativas

Las personas quieren unirse a un grupo o persiguen una causa que tenga un efecto permanente. Necesitan ver que lo que hacen no constituye un esfuerzo desperdiciado, sino que supone una contribución. Las personas necesitan comprobar el valor de lo que hacen. La motivación no procede únicamente de la actividad, sino del deseo de llegar al resultado final.

Participar en la meta

Las personas apoyan aquello en lo que creen. Las motiva ser parte del proceso de fijar una meta y les permite sentirse necesarias. Les gusta sentir que son importantes. Cuando aportan información, muestran interés en el asunto. Se apropian de él y lo apoyan. Comprobar que las metas se hacen realidad y dar forma al futuro resulta altamente satisfactorio. La participación en la meta genera un espíritu de cuerpo, mejora el estado de ánimo y ayuda a todos a sentirse importantes.

Insatisfacción positiva

Las personas insatisfechas presentan un elevado grado de motivación, porque ven la necesidad de un cambio inmediato.

Saben que algo va mal y, a menudo, también saben qué es lo que hay que hacer. Así, la insatisfacción puede inspirar cambios o conducir a un espíritu de crítica. Puede llevarnos a la apatía o dirigirnos hacia la acción. La clave consiste en canalizar esta energía hacia un cambio efectivo.

Recibir reconocimiento

Las personas no desean pasar inadvertidas. Quieren crédito por los logros personales y aprecio por sus contribuciones. Proporcionar reconocimiento es otra manera de dar las gracias. El logro personal es motivador, pero lo es mucho más cuando alguien percibe ese logro y le concede valor. El reconocimiento es, pues, una manera de otorgar significado a la existencia personal.

Tener expectativas claras

Las personas se sienten motivadas cuando saben qué deben hacer y tienen la seguridad de hacerlo bien. Nadie quiere adentrarse en una tarea vaga o en un trabajo cuya descripción es incierta. En un trabajo, la motivación aparece cuando las metas, las expectativas y las responsabilidades se entienden claramente. Cuando delegue responsabilidades, asegúrese de conceder la autoridad necesaria para llevar a cabo la tarea. Las personas cumplen mejor cuando tienen control sobre su trabajo y su tiempo.

Y, a la inversa, ¿qué desmotiva a las personas?

Ciertos patrones de comportamiento pueden ser desmotivadores. A veces, actuamos de determinada manera sin darnos cuenta de la negativa influencia que esto produce en otras personas. Veamos algunas sugerencias para evitar ese tipo de comportamiento.

No empequeñezca a nadie

La crítica pública y las conversaciones hirientes, incluso las que se realizan "en broma", pueden herir a las personas.

Debemos estar alertas y ser sensibles. Llevado al extremo, empequeñecer a alguien puede destruir la autoestima y la confianza en uno mismo. Si tiene que criticar, recuerde que se necesitan nueve comentarios positivos para equilibrar una corrección negativa.

No manipule a nadie

A nadie le gusta sentirse manipulado o utilizado. La manipulación, no importa cuán leve sea, derriba, en una relación, las paredes de confianza. Ganamos más siendo honestos y transparentes que siendo astutos y ladinos. Desarrolle a las personas a través de la afirmación y del estímulo, así estarán motivadas y serán leales.

Haga de las personas su prioridad

Las personas son nuestro recurso más importante; por eso, dedique tiempo en conocerlas y preocúpese por ellas. Esto significa responder a una conversación, nunca estar preocupado por uno mismo, ni tener prisa. Deje de hablar tanto y desarrolle el arte de escuchar. Deje de pensar en qué es lo que tiene que decir después de que termine de hablar su interlocutor y escuche no solamente lo que dicen esas personas, sino también lo que sienten. Su interés, incluso en asuntos insignificantes demostrará su sensibilidad.

No desaliente el crecimiento personal

El crecimiento es algo motivador, por lo tanto estimule a su personal para que crezca. Concédales oportunidades para que ensayen cosas nuevas y adquieran habilidades novedosas. No debemos sentirnos amenazados por los logros de los otros, sino más bien ser muy positivos para apoyar sus triunfos. Deje que su personal triunfe y permítales fallar. Implemente el método del espíritu de cuerpo que dice: "Si usted crece, todos nos beneficiamos".

La principal causa del cansancio entre los *coachees* procede de ciertas acciones que los buenos líderes pueden "fácilmente" evitar:

1. No dar crédito a las sugerencias.
2. No corregir los motivos de queja.
3. No estimular.
4. Criticar a los *coachees* ante otras personas.
5. No pedir a los *coachees* sus opiniones.
6. No informar a los *coachees* sobre su progreso.
7. Tener favoritismos.

Cada uno de los puntos anteriores constituye un ejemplo de cómo el líder roba o priva del alimento del ego a los *coachees*.

No todo es tener una visión como líder, también es necesario ser capaz de transmitirla para que sea compartida por todos.

LA VISIÓN

La palabra clave: "visión". Sin ella, la energía decae, no se cumplen los plazos, las agendas personales salen a la superficie, la producción disminuye y las personas se dispersan.

Las personas no siguen al sueño en sí mismo. Siguen al líder que tiene ese sueño y que posee la capacidad para comunicarlo de forma efectiva. Por eso, al comienzo, la visión la da un líder, pero para que esa visión crezca y provoque un seguimiento, el líder debe asumir la responsabilidad por ella.

Existen cuatro niveles de visión en las personas:

1. Algunas nunca la tienen (son vagabundos).
2. Algunas la tienen pero nunca la siguen por su cuenta (son *coachees*).
3. Algunas la tienen y la siguen (son realizadoras).
4. Algunas la tienen, la siguen y ayudan a otros a tenerla (son líderes).

Los líderes no pueden llevar a sus colaboradores más lejos de lo que ellos han llegado. Según como sea el líder, así serán sus colaboradores.

¿Cómo puede ser esto así? Resulta que vemos lo que estamos dispuestos a ver, no lo que realmente es. Todo líder de éxito entiende esto, en relación con las personas y se hace tres preguntas: "¿qué ven los demás?", "¿por qué lo ven de esa manera?" y "¿cómo puedo yo cambiar su percepción?".

Lo que usted ve es, en definitiva, lo que usted logra.

Por eso, el foco de la visión debe recaer en el líder. Los *coachees* encuentran al líder y luego encuentran la visión. Los líderes encuentran la visión y luego encuentran a las personas.

"Pero... ¿cómo logro tener una visión para mi empresa?". La respuesta a esta pregunta es crucial. Hasta que no la conteste, una persona será líder solamente nominal. Aunque no podemos proporcionarle a usted una visión, podemos explicarle el proceso de recibirla, tanto para usted como para las personas que lo rodean.

Existe, sin embargo, una gran diferencia entre una persona con visión y una persona visionaria:

1. Una persona con visión habla poco pero hace mucho.

2. Una persona visionaria hace poco pero habla mucho.

3. Una persona con visión saca fuerzas de sus convicciones internas.

4. Una persona visionaria saca fuerza de las condiciones externas.

5. Una persona con visión continúa incluso aunque surjan problemas.

6. Una persona visionaria se detiene cuando el camino se torna difícil.

Una persona sin experiencia concibe a una visión de una manera idealista. Para ella, la visión sola es suficiente. Ingenuamente, proyecta la visión sobre otros, esperando que el sueño haga el trabajo sin darse cuenta de que la visión necesita apoyo. Una persona con experiencia sabe que los demás "compran" al líder antes de "comprar" la visión. Los líderes experimentados son plenamente conscientes de que las personas son volubles y los sueños frágiles.

Al hablar de la visión, existen algunos puntos básicos:

✓ La credibilidad de una visión la determina el líder.

✓ La aceptación de una visión la determina el hecho de presentarla en el tiempo oportuno.

✓ El valor de una visión lo determinan la energía y la dirección que conlleva.

✓ La evaluación de una visión la determina el nivel de compromiso de las personas.

✓ El éxito de una visión lo determina el apropiamiento de ésta tanto por parte del líder como del resto de las personas.

Los líderes que comunican metas de manera efectiva a sus *coachees* logran más que los que no lo hacen.

Los líderes de éxito "ven" en tres niveles:

Nivel 1

Percepción: Ver lo que es ahora con los ojos de la realidad.

Nivel 2

Probabilidad: Ver lo que será con los ojos de discernimiento.

Nivel 3

Posibilidad: Ver lo que puede ser con los ojos de la visión.

Un futurista ve solamente el nivel 3. Un vaticinador ve solamente el nivel 2. Un seguidor ve solamente el 1. Un líder vive en el 3, dirige en el nivel 2 y escucha en el nivel 1.

Resulta esencial entender qué es lo que estorba a la visión en el nivel 1. Vemos las cosas no como son, sino según como somos. Por eso, cuando se estorba una visión, por lo general, no se trata de un problema relacionado con las personas. Existen diez tipos de personas que estorban la visión de la empresa y dificultan la labor del *coach*.

Abrir los ojos a las posibilidades: nivel 3

En este nivel, necesitamos preguntarnos cómo hacer crecer a las personas a la medida de la visión. Esto representa que la única cosa que el líder debe hacer continuamente es impulsar el crecimiento de las personas a la medida de la visión una vez que ésta la visualiza.

Existen distintos pasos que el líder de un nivel 3 debe dar. En primer lugar, debe buscar ganadores para que se integren al equipo. Estas cualidades de los ganadores guiarán la investigación:

✓ Son menos sensibles a la desaprobación y al rechazo.
✓ Piensan en lo esencial.
✓ Se concentran en la tarea que tienen entre manos.
✓ No son supersticiosos; dicen: "Así es la vida".
✓ Rehúsan igualar el fracaso a la autoestima.
✓ No restringen el pensamiento a los patrones rígidos establecidos.
✓ Ven "el gran cuadro".
✓ Dan la bienvenida a los desafíos con optimismo.
✓ No desperdician el tiempo en pensamientos improductivos.

El líder de éxito del nivel 3 observará tres niveles:
El nivel perceptible
Lo que ahora se ve: los ojos de la realidad. Un líder escucha en este nivel.

El nivel probable
Lo que se verá: los ojos del discernimiento. Un líder dirige en este nivel.

El nivel posible
Lo que podría verse: los ojos de la visión. Un líder vive en este nivel.

La visión concede poder al líder que la tiene. El líder cree no sólo que la visión puede hacerse realidad, sino que debe hacerse.

Para ello, existen cinco informaciones que los buenos *coachs* conocen:
1. Lo que se espera de cada uno.
2. Que cada uno tendrá una oportunidad para desempeñarse.
3. Cómo cada uno está lográndolo.
4. Que se dará guía cuando cada uno lo necesite.
5. Que cada uno será recompensado de acuerdo con su contribución.

Pero conviene evitar los escollos siguientes:

1. Atraer simpatías antes que ser respetados.
2. No solicitar a los miembros del equipo consejo y ayuda.
3. Frustrar el talento personal por hacer énfasis en las reglas más que en las habilidades.
4. No mantener una crítica constructiva.
5. No desarrollar un sentido de responsabilidad en los miembros del equipo.
6. Tratar a todos de la misma manera.
7. No mantener informadas a las personas.

El primer objetivo del líder es preparar a las personas, no descartarlas. Y, al final, existen muchas formas y estilos para conseguirlo.

Distintos estilos

No existe un estilo único. Cada uno de nosotros posee un estilo o una mezcla de distintos estilos. En realidad, se aprecia que un "líder" que cuenta con un estilo demasiado marcado **no es** un líder. Ya hemos subrayado que el *coach* "perfecto" no puede enmarcase dentro un único estilo, ya que el *coach*, por definición, es multifacético.

1– Estilo rígido

El estilo rígido tiene su lugar en el repertorio de los líderes, pero conviene servirse de él con moderación. Después de todo, las características distintivas de este estilo parecen admirables. El líder establece estándares de desempeño extremadamente elevados y él mismo los ejemplifica. Está obsesionado en hacer las cosas mejor y más rápido, y espera que todos a su alrededor hagan lo mismo. Detecta rápidamente qué personas no rinden lo que debieran y exige más de ellas. Si éstas no se sitúan a la altura de las circunstancias, las reemplaza sin miramientos con personas que sí puedan hacerlo. Puede pensarse que un enfoque como éste incide en una mejora de los resultados, pero la realidad es que no lo hace.

De hecho, el estilo rígido destruye el clima. Muchos *coachees* se sienten abrumados por las exigencias de excelencia del directivo y, como consecuencia de ello, su moral decae. Las directrices para el trabajo pueden estar claras en la mente del líder, pero no las transmite con claridad, espera que las personas sepan qué tienen que hacer e incluso piensa si debe decir a alguien que es la persona equivocada para el puesto.

El trabajo no consiste en tratar de hacer lo mejor posible siguiendo una línea de acción clara sino, más bien, en tratar de adivinar qué quiere el líder. Al mismo tiempo, las personas, a menudo, sienten que quien está adoptando el estilo rígido no confía en que ellas trabajen por su cuenta o asuman iniciativas. Como consecuencia de ello, la flexibilidad y la responsabilidad se evaporan. El trabajo se enfoca tanto a las tareas y se vuelve tan rutinario que resulta aburrido.

En cuanto a las recompensas, el estilo rígido o bien no brinda *feedback* sobre cómo las personas desarrollan su trabajo o bien salta sobre éste para hacerse cargo cuando considera que las personas se están retrasando. Si el líder se marcha, las personas se encuentran sin rumbo ya que están muy acostumbradas a que el "experto" sea quien establece las reglas. Finalmente, el compromiso se desvanece bajo el régimen de un líder rígido porque las personas no saben cómo sus esfuerzos personales se enmarcan en el conjunto.

Cuando se está al frente de un equipo con talento, el estilo rígido termina el trabajo a tiempo o incluso antes del plazo establecido. No obstante, como cualquier otro estilo de liderazgo, este estilo nunca ha de usarse en solitario.

2 – Estilo social

Si el líder rígido exige: "Haz lo que yo diga", y el autoritarismo urge: "Venga conmigo", el social exclama: "Las personas están primero". Efectivamente, este estilo todavía gira en torno a las personas y privilegia los valores de las personas y sus emociones más que las tareas y los objetivos. El líder social procura mantener a los *coachees* contentos e intenta generar armonía entre ellos. Se centra en la construcción de fuertes lazos emocionales y luego aprovecha los beneficios que éste enfoque provoca.

Este estilo también tiene un notable efecto positivo en la comunicación. Las personas que se gustan mucho suelen hablar mucho, comparten ideas e inspiración. Este estilo incentiva la flexibilidad, ya que los amigos confían el uno en el otro; esto favorece la innovación constante y la asunción de riesgo. La flexibilidad también aparece porque el líder social, como un padre que ajusta las reglas del hogar para un adolescente maduro, no impone estructuras innecesarias sobre cómo debe efectuarse el trabajo. Proporciona a las personas la libertad de hacer su trabajo de la forma en que éstas piensen que resulte más efectivo. Como una forma de reconocimiento y recompensa por el trabajo bien hecho, el líder social ofrece un generoso *feedback* positivo. En el lugar de trabajo ese *feedback* tiene una potencia especial porque resulta poco común.

Dejando al margen la entrevista anual de evaluación del rendimiento, si es que ésta existe, la mayoría de las personas no solemos recibir *feedback* sobre nuestros esfuerzos cotidianos o, peor aún, únicamente recibimos aportaciones negativas. Esta situación conlleva que las palabras del líder social sean las más motivadoras. Finalmente, estos líderes son maestros en la construcción de un sentido de pertenencia. Es posible, por ejemplo, que inviten individualmente a cada uno de sus *coachees* directos a tomar algo o a cenar para ver cómo les va. Por naturaleza, son constructores de relaciones.

Ahora bien, cuando las personas necesitan instrucciones claras para navegar a través de complejos desafíos, el líder social los deja sin timón. Efectivamente, si se confía demasiado en él, este estilo puede conducir al grupo al fracaso. Los líderes *managers* determinan una visión, establecen estándares y permiten a las personas saber cómo su trabajo está impulsando los logros del grupo. Alternando esto con el enfoque protector del líder social, se logra una potente combinación.

3– Estilo manager

Los líderes *managers* también maximizan el compromiso con los logros y con la estrategia de la organización. Al encuadrar las tareas individuales en una visión global, el líder *manager* define estándares que giran en torno a la visión. Cuando proporciona *feedback* sobre el desempeño –positivo o negativo–, el único criterio que tiene en cuenta es si ese desempeño impulsa la visión. Los parámetros del éxito están claros para todo el mundo, al igual que las recompensas. Finalmente, considerando el impacto del estilo en la flexibilidad, un líder *manager* establece el punto final pero concede a las personas la libertad para innovar, experimentar y asumir riesgos calculados. Por su impacto positivo, este estilo funciona bien en casi cualquier situación de los negocios, pero es particularmente efectivo cuando el negocio está a la deriva. Un líder *manager* establece un nuevo curso de acción y "vende" a sus colaboradores una visión de largo plazo renovada.

A pesar de lo poderoso que resulta, este enfoque no es adecuado para cualquier situación. Suele fallar, por ejemplo, cuando el líder está trabajando con un equipo de expertos o de personas que tienen más experiencia que él: éstas pueden ver al líder como algo pomposo y fuera de su alcance. Otra limitación frecuente proviene del hecho de que si el directivo al tratar de ser *manager* se torna arrogante, puede socavar el espíritu de un equipo de trabajo efectivo.

4 – Estilo coaching

Los líderes que ponen en juego el estilo *coaching* sobresalen en la delegación ya que proponen a sus *coachees* asignaturas retadoras, incluso cuando ello significa que sus tareas no van a completarse con rapidez. En otras palabras, estos líderes están dispuestos a afrontar que el fracaso a corto plazo lleva a un aprendizaje a largo plazo.

De todos estos estilos, el estilo *coaching* es el que se utiliza con menos frecuencia. Muchos líderes sostienen que no disponen de tiempo, en esta economía de alta presión, para el lento y tedioso trabajo de enseñar a las personas y ayudarlas a crecer. Sin embargo, después de una primera sesión, lleva poco o prácticamente ningún tiempo adicional. Los líderes que ignoran este estilo están prescindiendo de una poderosa herramienta: su impacto en el clima y el desempeño son altamente positivos.

Parece necesario admitir que existe una paradoja en el efecto positivo del *coaching* en el desempeño del negocio, porque se centra en primer lugar en el desarrollo personal, y no en tareas inmediatamente relacionadas con el trabajo. A pesar de eso, el *coaching* mejora los resultados.

La explicación a esto se encuentra en la siguiente explicación: el *coaching* requiere de un diálogo constante y ese diálogo es una forma de impulsar los vectores del clima hacia arriba. Por ejemplo, la flexibilidad. Cuando un empleado sabe que su jefe lo observa —con una actitud positiva de ayudar— y se interesa por lo que hace, se siente libre para experimentar. Después de todo, está seguro de obtener *feedback* rápido y constructivo. De modo similar, el diálogo constante del *coaching* garantiza que las personas sepan qué se espera de ellos y cómo encaja su trabajo en una estrategia o en una visión más amplia.

Esto afecta la responsabilidad y a la claridad. Igualmente sucede con el compromiso, el *coaching* también ayuda. Los *coachees* a menudo responden a ese desafío con su corazón, con su mente y con su alma.

El estilo *coaching* funciona bien en muchas situaciones de negocios, pero resulta quizá más efectivo cuando las personas están especialmente bien predispuestas. Por ejemplo, funciona cuando los *coachees* están al corriente (son conscientes) de sus debilidades y les gustaría mejorar el nivel de sus resultados. De un modo análogo, el estilo resulta efectivo cuando los *coachees* entienden que desarrollar nuevas habilidades puede ayudarles a avanzar. En síntesis, funciona mejor con *coachees* que quieren ser *coachees*.

En contraste, este enfoque tiene poco sentido cuando los *coachees*, por algún motivo, se resisten a aprender o a cambiar sus modos de hacer. Y, desde luego, fracasa estrepitosamente si el líder carece de la capacidad para ayudar al colaborador. El hecho evidente es que muchos directivos no están familiarizados con este estilo o, simplemente, son manifiestamente incompetentes en eso, en especial en lo que respecta a proporcionar un *feedback* de desempeño que resulte motivador. Algunas empresas se han dado cuenta del impacto positivo de este estilo y están tratando de convertirlo en una habilidad central.

5– Estilo democrático

Al dedicar tiempo a escuchar las ideas de las personas, el líder genera confianza, respeto y compromiso. Cuando permite que los propios *coachees* opinen sobre las decisiones que afectan a sus logros y acerca del modo en el que realizan su trabajo, el líder democrático está promoviendo la responsabilidad y la flexibilidad. Al escuchar las preocupaciones de sus *coachees*, el líder democrático aprende cómo mantener la moral elevada. Finalmente, como perciben que participan en la determinación de los estándares para la evaluación del éxito, las personas que operan en sistemas democráticos tienden a ser muy realistas acerca de lo que puede o no puede cumplirse.

No obstante, el estilo democrático posee también sus desventajas, razón por la cual su impacto en el clima no es tan elevado como el de otros enfoques. Una de sus consecuencias más exasperantes pueden ser los encuentros interminables en los que se debaten ideas sin llegar a un consenso y el único resultado visible es la programación de más encuentros. Algunos líderes democráticos utilizan este estilo para postergar decisiones cruciales, con la esperanza de que de tanto retrasar las cosas aparecerá eventualmente una solución oculta. La realidad es que sus colaboradores terminan sintiéndose confundidos y sin líder. Este tipo de enfoque puede incluso despertar ciertos conflictos.

¿Cuándo, entonces, funciona mejor este estilo? Resulta ideal cuando el líder se siente inseguro sobre la mejor dirección a seguir, y precisa nuevas ideas más la ayuda de *coachees* hábiles. Incluso si el líder tiene una fuerte visión, el estilo democrático funciona bien para disponer de ideas frescas con el fin de ejecutar esa visión.

El estilo democrático, por supuesto, posee mucho menos sentido cuando los *coachees* no son competentes o no están lo suficientemente informados para proporcionar consejo. Y, por supuesto, también cabe reseñar que la generación del consenso puede resultar un camino peligroso en tiempos de crisis.

No parece difícil entender por qué de todos los estilos de liderazgo, el estilo rígido es el menos efectivo en muchas situaciones. Considerando el efecto que dicho estilo tiene en el clima de una organización, la flexibilidad es el aspecto más castigado.

Dado el impacto del estilo rígido, se presupone que nunca debiera ser aplicado.

En realidad, este tipo puede ser utilizado con extrema cautela, en las pocas situaciones en las que es absolutamente imperativo, como en una reestructuración total. En estos casos, el estilo rígido puede, eventualmente, desterrar hábitos de negocios que fracasan y encauzar a las personas hacia nuevas formas de trabajo. Siempre es bueno durante una emergencia genuina, como un terremoto o un incendio. También puede funcionar con *coachees* problemáticos o desmotivados, una vez que todas las estrategias intentadas no han dado resultado.

Síntomas de desmotivación de los *coachees*:

★ Sienten que no se les reconoce o que su trabajo no se aprecia; no saben cómo celebrar el éxito.

★ Perciben que sus vidas están desequilibradas, pues invierten demasiada energía en el trabajo y no la suficiente en sus asuntos personales.

★ Lamentan cómo solía ser de bueno el trabajo.

★ Sienten que no importa cuánto hagan, nunca será suficiente.

★ Se muestran incapaces de controlar la cantidad o la calidad del trabajo que les piden realizar o los recursos necesarios para hacerlos.

★ Sienten que sus jefes no están en contacto con la realidad o que no les importa.

★ Experimentan vergüenza al mencionar temas personales en el trabajo (aficiones, familia, etc.).

★ Su estado de ánimo es alicaído y dicen estar agotados por el estrés y por la presión.

★ Pasan el tiempo pensando en proteger sus propias carreras más que en atender sus responsabilidades.

★ Se rebelan siguiendo estrictamente las reglas y haciendo sólo lo que se les dice que hagan.

★ Hablan sobre sus insatisfacciones e inquietudes en escenarios informales (almuerzos, reuniones de amigos, etc.), en lugar de hacerlo utilizando los canales formales de comunicación.

★ Dejan de sentirse bien en sus horas laborales y hablan de lo difícil que es su trabajo.

★ No perciben cómo pueden beneficiarse si trabajan más arduamente.

★ Es difícil que se comprometan a realizar el trabajo.

★ Creen que cuentan con muy pocas oportunidades de progresar o que no controlan sus carreras.

★ Se sienten atrapados en un vacío o en una rutina, y abrumados por todo lo que tienen que hacer.

★ Se muestran cínicos con respecto a las nuevas iniciativas empresariales y perciben los distintos programas e iniciativas como otra manera diferente de hacerlos trabajar más.

Resumiendo al buen *COACH*

Por tanto, para llegar a ser un buen líder, lo primordial que hace falta es **desear ser un buen líder.** Para liderar, lo básico es transmitir a los demás confianza y sinceridad. La confianza es la base de un clima motivador y positivo. Desde la confianza y la sinceridad, es más sencillo que las personas se desarrollen y que aumente el potencial y el rendimiento a largo plazo.

Empatía e influencia

La empatía se asienta en el autoconocimiento y tiene que ver con la capacidad de escuchar y comprender los valores, los intereses y las emociones de los demás y, por supuesto, de responder a ellos en consonancia.

Algunos comportamientos que demuestran empatía son:

★ Comprender tanto los puntos fuertes como las limitaciones de los demás.
★ Conocer lo que motiva y lo que desagrada a los demás.
★ Percibir e interpretar adecuadamente la comunicación no verbal y el tono emocional de los demás.

La influencia es la capacidad de conseguir que los demás sigan un plan o línea de acción.

Algunos comportamientos en este sentido podrían ser:

★ Su comunicación resalta los beneficios que pueden obtener los demás.
★ Transmite una visión atrayente.
★ Realiza un esfuerzo para explicar las cosas de manera que las personas las entiendan.
★ Genera ilusión y compromiso entre los miembros de su equipo.

Identificar el estilo de liderazgo más adecuado a la situación

Podemos hablar de la existencia de cuatro estilos que generan un clima positivo y de dos estilos negativos o que provocan energía negativa. Situaciones en las que cada estilo resulta más efectivo:

★ **Visionario:** Cuando se precisa una visión clara, en las situaciones de incertidumbre.

★ *Coaching:* Cuando hay que centrarse en el desarrollo del potencial de los colaboradores a largo plazo.

★ **Democrático:** Cuando se requiere consenso y participación.

★ **Social:** Cuando es necesario fortalecer vínculos, cohesionar los equipos o gestionar la diversidad en situaciones críticas.

★ **Timonel:** En ámbitos técnicos o entre profesionales motivados y competentes. Durante la primera fase del ciclo vital de una empresa en la que el crecimiento resulta esencial.

★ **Autoritario:** Cuando se ve obligado a cambiar los hábitos de una empresa que atraviesa una situación crítica o cuando hay que hacer frente a una emergencia.

Flexibilidad de estilos

Dado que cada estilo, incluso los negativos, posee su utilidad, la clave radica en la flexibilidad de estilos. Para conocer cuál es el más adecuado partiremos de una buena lectura de la situación.

Todos tenemos ciertas tendencias. La flexibilidad, la capacidad para adaptarse o cambiar a partir de una correcta lectura para ir más allá de la tendencia es lo que todo directivo debería desarrollar para ser efectivo. No obstante, la trampa se encuentra en que muchas veces creemos realizar una buena lectura de la situación obviando lo evidente; los resultados y el *feedback* que nos devuelven el entorno.

Cuando eso nos ocurre, podemos reconocerlo si, a pesar de los intentos por adaptarnos, nos sentimos como si fuésemos de aquí para allá sin obtener resultados satisfactorios. También, todo lo contrario, si manteniéndonos firmes e inflexibles en nuestro modo de actuar, haciendo "más de lo mismo", la situación o los resultados no hacen más que empeorar.

Por ello, saber leer la situación es también un aprendizaje.

Desarrollar las habilidades necesarias

Conseguimos ser mejores líderes en la medida en que desarrollamos nuestras habilidades emocionales, nuestra inteligencia emocional. A partir de la identificación del estilo o de los estilos propios dominantes, podemos trazar un plan de aprendizaje que nos posibilite desarrollar las habilidades necesarias para poner en juego otros estilos y, de esta manera, lograr la flexibilidad necesaria que nos convierta en unos líderes más eficaces.

Habilidades en las que se basa cada estilo de liderazgo para ser efectivo

- **Visionario:** Empatía. Confianza en uno mismo y en los demás. Inspiración. Conciencia de uno mismo. Capacidad para catalizar los cambios. Transparencia.
- *Coaching*: Conciencia de uno mismo. Empatía. Sinceridad. Creación de vínculos. Confianza en los demás. Comprensión organizacional. Desarrollo de los demás.
- **Democrático:** Trabajo en equipo. Gestión de los conflictos. Influencia.
- **Social:** Empatía. Colaboración. Gestión de los conflictos. Creación de vínculos.
- **Timonel:** Orientación al logro. Iniciativa.
- **Autoritario:** Influencia. Orientación al logro. Iniciativa.

Estas habilidades se pueden desarrollar a través de la propia observación, del *feedback* de los colegas y de los *coachees*, de lecturas, de asistencia a programas de liderazgo emocional o, todavía mejor, integrándonos en un proceso de *coaching*. El *coach*/líder no da órdenes sino que comparte objetivos, no sanciona; detecta, neutraliza y disuelve los obstáculos en el desempeño de las personas y de los equipos que están bajo su responsabilidad.

Las herramientas esenciales para un *coaching* eficiente son la aplicación correcta de la inteligencia emocional, el diálogo que modela la conciencia emocional indispensable y la confianza que posibilita la descentralización de autoridad en auténtica delegación.

Poder determinar el nivel de conciencia emocional de las personas y de los equipos constituye la habilidad prioritaria que utiliza el *coach*. Ello se determina con un adecuado diagnóstico y con una pertinente "parametrización" de las emociones básicas que caracterizan a los miembros de la organización y al equipo en el que se mueve el *coach*/líder. Al fin y a la postre, son nuestras emociones las que nos lo permiten hacer, pues nos predisponen a actuar de una forma y no de otra.

El flujo emocional y su gestión posibilitan en las personas logros que, sin la asistencia de esta inteligencia múltiple, no resultarían posibles. Esa corriente emocional es la que el *coach*/líder debe aprender a orientar. Dicha tarea no resulta sencilla, compromete profundamente y, consecuentemente, obliga a quien la ejerce a no traicionarse. Tal vez por ello es tan poco practicada y es tan disfrazada.

Debiera alcanzarse una gran capacidad de diálogo, de escucha activa, pero este desafío rara vez se logra, dado que con frecuencia no prestamos atención al centrarnos en la otra persona y, en consecuencia, no escuchamos.

Sin lugar a dudas, requiere mucho menos esfuerzo conducir desde el miedo que desde el dominio de la emocionalidad de la confianza. Creando monstruos se manipula y se estimula el factor de la desconfianza. En cambio, desarrollando un ámbito de confianza se otorga libertad decisoria, se delega. Ello suele motivar pero también, al mismo tiempo, resultar "peligroso". Debiera sustituirse el miedo que produce desconfianza por la confianza. El verdadero *coach*/líder, es, ante todo, un creador, un generador y un arquitecto de confianza.

El mayor porcentaje de la actividad de gestión debería estar dedicado a practicar las aptitudes emocionales (la empatía, la flexibilidad, el dominio de las emociones, la escucha activa, la tolerancia, la dirección consciente de la simpatía, etc.) y a motivar a las personas para que ofrezcan lo mejor de sí mismas a la organización. Los recursos humanos no se tienen, se merecen.

Entendemos que esta descripción y su implementación, a través de un entrenamiento programado para el desarrollo de un *coaching* emocional, constituyen una de las llaves de oro para el éxito.

EL ÉXITO

¿Qué entendemos por "éxito" y qué entendemos por facilitar el éxito?

Sigamos consensuando algunos significados: el éxito lo define el *coachee*. En la relación de *coaching* es pues el *coachee* quien define qué es y qué no es el éxito; así, el *coach* ayuda al *coachee* a alcanzar algo (el éxito) que el mismo *coachee* ha definido (con o sin la ayuda del *coach*).

Facilitar implica que el *coach* va a adoptar un rol por el que va a ayudar a su *coachee* a tener más posibilidades de conseguir el éxito, tal como lo define el propio *coachee*. En contrapartida, el responsable de este éxito va a ser el propio *coachee*, quien va a llevar a cabo las decisiones. Mientras, el *coach* se limita a actuar como eso, como un *coach*.

Disponemos entonces de una relación en la que dos o más personas interactúan, de una forma tal que una de ellas ayuda a la otra a conseguir sus objetivos.

Si mantenemos este contexto como criterio general, vemos que existe una serie de puntos clave que nos permiten evaluar si una relación es o no de *coaching*. Primeramente, hemos mencionado que esta relación a la que llamamos "coaching" persigue unos objetivos (de éxito) que están definidos por una de las partes de este vínculo (al que hemos llamado "coachee"). Resulta trascendental establecer este punto de partida. El *coach* no marca el objetivo de la relación de *coaching*, sino que lo define el *coachee*. El *coach* facilita que su *coachee* alcance los objetivos que el propio *coachee* ha definido.

En este marco relacional, se pueden producir muchas posibilidades de actuación distintas: el *coach* tiene innumerables maneras de facilitar el éxito de su *coachee*; así, en función del tipo de objetivos que éste haya definido, la estrategia más adecuada será una u otra.

Este es el principio de la flexibilidad. La misma receta quizá no sea aplicable a todas las situaciones, así que cuanto más flexible sea el *coach* a la hora de facilitar que su *coachee* alcance el éxito, más éxito tendrá él como *coach*.

Si una variable es la naturaleza de los objetivos (del éxito tal y como es definido por el *coachee*) y esta variable influye en la flexibilidad que el *coach* debe tener para ser eficaz, otra variable es la naturaleza misma del *coachee* que, como persona única que es (con unos deseos, inquietudes y anhelos únicos, con una forma de pensar y de tomar decisiones únicas, con unas convicciones sobre los límites de su mundo y de sus capacidades únicas) reclama una estrategia a medida.

En este marco, no importa qué utilice el *coach* para facilitar el éxito del *coachee*. Los medios, en este sentido, están supeditados a los fines. Esto permite que el servicio de *coaching* adopte muchas formas distintas: *coaching* sin transferencia de experiencia, *coaching manager*, telefónico, de grupo, en marketing estratégico de servicios personales... Finalmente, no tiene tanta importancia el hecho de si el *coach* transfiere o no su experiencia si con ello su *coachee* tiene éxito; carece de relevancia si el *coach* es una persona contratada por la empresa o es una persona interna de la propia entidad; si es formal e institucionalmente un *coach* o hace de *coach* sin llevar esta etiqueta; no importa la forma en la que se produce esta relación de *coaching*; no importa el número de personas que están implicadas ni el área de aplicación del servicio... Lo que es verdaderamente relevante es que, en el marco de esta relación, el *coachee* alcance el éxito tal y como él lo ha definido.

Para identificar las mejores áreas de aplicación, comencemos por identificar posibles "éxitos".

Una forma muy sencilla de hacerlo, consiste en identificar situaciones deseadas, por ejemplo, áreas de nuestra vida que pensamos que podrían ser mejor de lo que son en este momento. Las posibilidades son muchas:

★ Una persona sin pareja puede querer compartir un proyecto de futuro con alguien especial.

★ Un estudiante con dificultades en los exámenes de física puede querer mejorar en esta habilidad.

★ Una persona de negocios sin tiempo para la familia puede desear encontrar un equilibrio entre el trabajo y la vida privada.

★ Un escritor novel puede querer ver publicada su primera obra.

★ Un profesional independiente (léase arquitecto, abogado, psicólogo, jardinero, electricista o conferenciante) puede desear hacerse con una clientela fiel.

★ Una persona insatisfecha con la forma en como se gana la vida puede querer realizar un cambio.

★ Una persona que no encuentra sentido a su vida puede desear encontrarlo.

★ Una familia desavenida puede querer armonizar sus relaciones.

★ Un empresario emprendedor puede querer lanzar un nuevo negocio.

★ Un universitario puede desear mejorar su habilidad para exponer su tesis en público.

Las posibilidades son numerosas. ¿Qué tenemos ahora? Un conjunto de situaciones en las que unas personas desean que se produzca un determinado cambio. Dicho cambio, a su vez, constituye un criterio que podemos utilizar para definir el éxito: para cualquier persona, el éxito será pasar de su situación actual a su situación deseada.

4– LA ESCUCHA ES VITAL

COACHING ONTOLÓGICO

Cuando nos preguntan sobre cuál es la cualidad principal, si tuviéramos que elegir alguna, para tener éxito y ser un buen líder/*coach*, siempre damos la misma respuesta: la escucha. Si únicamente tuviéramos que desarrollar una habilidad en particular (no creemos que existan personas así), la escucha sería la más importante. Sin embargo, al mismo tiempo, probablemente resulte la más difícil de trabajar. Eso es debido a razones profundamente ancladas en nuestro cerebro y que tienen que ver con "esquemas mentales", o con la forma que tenemos de "ver" las cosas. Disponer de una visión ontológica puede ayudarnos en el avance en este terreno.

El "*coaching* ontológico" (de "onto", el estudio del ser) profundiza en las formas de "ver las cosas" e interpretar los problemas que tienen las personas, los grupos y las organizaciones.

Esta visión particular del *coaching*, en general, se concentra en la comprensión profunda de los "significados". De hecho, la forma de ser de las personas deviene en algo clave, pues influye en los problemas que éstas encaran o evitan y en las posibilidades que se les abren o que se les cierran.

Por otra parte, para la "ontología del lenguaje", las personas y las empresas se construyen a través del lenguaje, visto éste como una coordinación de acciones para alcanzar metas, basado en tres principios:

JD Roman-Manuel Ferrández

1. No sabemos cómo son las cosas. Solo sabemos como las observamos o como las interpretamos. Vivimos en mundos interpretativos. 2. No solamente actuamos según cómo somos, también somos según actuamos. La acción genera ser. 3. Las personas actúan de acuerdo con los sistemas sociales a los que éstas pertenecen. No obstante, a través de sus acciones, aunque condicionadas por estos sistemas sociales, también pueden cambiar dichos sistemas.

La misión de un coach ontológico

La tarea central de un *coach* consiste en facilitar el aprendizaje de su cliente, la habilidad central para el cambio. La clave de éste, para un *coach*, reside en poder identificar los juicios y las emociones maestras del *coachee* y en conseguir las transformaciones que mejoren su capacidad de reflexión y acción.

En relación con el lenguaje, el *coach* trata de entender cómo piensa la persona acerca del mundo y de quienes lo rodean, cómo se refiere al pasado y al futuro, y cómo genera sentido e interpreta los hechos cotidianos. Al fin y al cabo, estos juicios fijan los límites del aprendizaje y marcan las líneas de acción.

Los *coachs* son *coachs* de aprendizaje, ya que promueven experiencias de aprendizaje que sus *coachees* no pueden desarrollar por sí mismos; los observan en lo que hacen y detectan los obstáculos en su desempeño con el propósito de mostrarles lo que aquellos no ven para, de este modo, conducirlos a emprender acciones que conduzcan al cambio deseado. Así las cosas, un *coach* no es alguien que hace "más de lo mismo", teniendo en cuenta —eso sí— los "sentimientos" de las personas. Ni es un "mentor" o un "modelador", un "hermano mayor" que proporciona ejemplo. Tampoco es alguien cuya misión sea "alentar", como quien arenga a un equipo en mitad de un partido. Por el contrario, es una persona que ayuda a otra a remover obstáculos, a reenfocar

164

su modo de abordar los problemas y las oportunidades para mejorar su capacidad de acción efectiva.

Áreas de cambio

En muchas empresas, se vive un exceso de dirección y un déficit de liderazgo. La dirección y el liderazgo son complementarios: una clara visión sin un buen control de gestión es tan nefasta como una planificación detallada que no inspire a nadie. El "*coaching* ontológico" constituye una propuesta para rescatar el liderazgo que subraya tres áreas de cambio fundamentales en la visión de la organización moderna:

La figura de autoridad

El modelo tradicional de gestión está basado en la figura de autoridad. Alguien ordena, controla, revisa y castiga para que se lleve a cabo una serie de tareas dentro de la organización. Este modelo se encuentra en crisis, porque el empleado "manual", el que de hecho dio origen a este modelo, está siendo desplazado por un empleado "no manual", que se desenvuelve en el ámbito intelectual.

Si hoy existe una preocupación mayor que nunca por el "liderazgo", es necesario recordar que nadie hace adecuadamente las cosas si se siente obligado. Por ello, la esencia del liderazgo es la elección, el poder "emocionar a otros" para que esas personas deseen formar parte de un proyecto. Por el sueldo, podemos comprar el tiempo de un empleado no manual, pero nunca adquiriremos su compromiso ni su capacidad de hacer cosas excepcionales por un proyecto con el cual está realmente comprometido.

La emocionalidad

La forma en la que los seres humanos coordinamos acciones y nos comunicamos con los demás para el logro de resultados está afectada por su emocionalidad (estatuto emocional). En muchas empresas predomina una emocionalidad contraproducente: el miedo, la desconfianza, la desgana, la resignación, el resentimiento, etc.

Esta emocionalidad conlleva "costes ocultos" de ausencia de compromiso, de falso compromiso, de hastío e incluso de resentimiento. Ante la amenaza de castigo, podemos sin duda lograr que alguien realice lo que se le pide. La persona lo hará para evitar ese castigo. Pero nada más. No conseguiremos modificar su comportamiento en absoluto.

Las organizaciones vistas como redes conversacionales

Conversamos con clientes, asistimos a reuniones, talleres y presentaciones, coordinamos con *coachees*, jefes e iguales, etc. Hasta tenemos espacios virtuales para "dialogar" con otros mediante el correo electrónico o a través del *chat*. Así las cosas, la empresa se vuelve una "red de conversaciones" capaz de generar nuevos sentidos, nuevas posibilidades y nuevos compromisos.

En esta tesitura, las conversaciones no constituyen otro aspecto más del trabajo, sino el elemento central. De acuerdo con la forma en la que se converse, se abren o se cierran posibilidades. Sin embargo, dialogar es algo más que hablar por hablar. Consiste en una coordinación de acciones.

Debemos entonces preguntarnos, ¿qué nos hace pensar que las personas se comprometerán con una orden? Recordemos que, en la organización tradicional, se regula a través del mando (la figura de autoridad, el jefe) y el control (emocionalidad del miedo). Pero al empleado del conocimiento, no manual, el miedo le frena: limita su capacidad de innovar, de experimentar, de correr riesgos y de rendir más. Por temor al castigo, huye del compromiso. La clave consiste en desplazar ese miedo y sustituirlo por la confianza y por la autonomía responsable.

La autoconfianza

Promover la autoconfianza para innovar, para "desaprender", para comprometerse, para discrepar, para cambiar de opinión, para discutir "aquello que no se discute", etc. Esto es lo que hace el *"coaching"* ontológico al intervenir en una organización: generar conversaciones que revelen los modelos mentales y emocionales que limitan el desempeño de las personas y de los equipos para "desaprender" comportamientos que ya no les sirven y "reaprender" otros más efectivos.

Y es que cada persona tiene su marco de posibilidades, cuyas fronteras de tiempo y espacio se han ido ensanchando con la tecnología. Así, entendemos el mundo desde el marco de lo posible para nosotros; y este marco cambia, implicando así, que entender la realidad a través del lenguaje es algo personal e individual. La ontología se basa en cómo es esta interpretación de la realidad. Nos vamos constituyendo como observadores a medida que elegimos o distinguimos ciertas fracciones de la realidad, que se traducen en lenguaje. Estas percepciones nos hablan del tipo de observador.

Así, el *coach* se desliga del planteamiento objetivo (posibilidad de entender las cosas en sí) haciendo énfasis en la ontología del lenguaje que subraya la importancia del observador y de su subjetividad. La ontología no es entender las cosas en sí mismas, sino las distintas interpretaciones sobre las cosas (este tema, por cierto, ya fue abordado explícitamente en *Homo Komunikator*).

El *coach* quiere entender a la persona a través del lenguaje y de su posibilidad de construir la realidad. Quiere otorgar una nueva interpretación del fenómeno humano a través de la evolución del lenguaje: el mundo cambia según lo hace el lenguaje, porque este va permitiendo conocer nuevas realidades. Esto adquiere mucha importancia con los medios de comunicación (por ejemplo, hoy en día, lo que no vemos en la televisión, simplemente, no existe para nosotros). De esta manera, el lenguaje puede tener una cara oculta, lo que no se habla no existe para nosotros.

Tengamos siempre en cuenta que los seres humanos somos seres lingüísticos. Vivimos y nos desarrollamos en todos los niveles del lenguaje, que paralelamente nos va constituyendo. **"El lenguaje genera ser"**, genera existencia más allá de las acciones. La realidad no se comprueba de forma empírica sino a través del lenguaje, porque esa es nuestra única forma de conocer.

Por eso, hacemos especial hincapié en la conversación de *coaching* y en la importancia que tiene el escuchar, por encima del hablar.

EL ESCUCHAR

La comunicación humana abarca dos facetas primordiales: hablar y escuchar. Generalmente, se piensa que es más importante hablar, ya que esta faceta parece constituir el lado activo de la comunicación. Mientras, escuchar se suele considerar como algo pasivo. Escuchar generalmente se da por sentado y rara vez se contempla como un asunto potencialmente problemático.

No obstante, las personas están empezando a aceptar que les resulta difícil escuchar lo que los otros dicen, y que poseen verdaderas dificultades en hacerse escuchar de la forma en la que desearían.

Mientras mantengamos nuestro tradicional concepto del lenguaje y de la comunicación, difícilmente podremos captar el fenómeno de escuchar. Más aún, no seremos capaces de desarrollar las habilidades requeridas para lograr una escucha más efectiva.

Escuchar es un factor determinante de la comunicación humana y del lenguaje.

Si examinamos detenidamente la comunicación, nos daremos cuenta que ésta descansa, principalmente, no en el hablar sino en el escuchar. Hablamos para ser escuchados. El hablar efectivo sólo se logra cuando es seguido de un escuchar efectivo. Escuchar valida el hablar. Es el escuchar, no el hablar, lo que confiere sentido a los que decimos. Por lo tanto, escuchar es lo que dirige todo el proceso de la comunicación. Normalmente, suponemos que para escuchar a otras personas solamente tenemos que exponernos a lo que dicen. Así, suponemos que haciendo esto, escuchar simplemente es algo que va a ocurrir. Ello no deja de ser importante o necesario; no obstante, no resulta suficiente.

La idea prevalente en nuestros días acerca de la comunicación está basada en la noción de transmisión de información (noción heredada de la ingeniería de la comunicación). Ésta se ocupa de la comunicación entre las máquinas: entre un transmisor y un receptor. Tal marco, a pesar de su utilidad en cuestiones técnicas de transmisión, demuestra su deficiencia cuando se utiliza para comprender la comunicación humana. La noción de "transmisión de información" esconde, precisamente, la naturaleza problemática del escuchar humano.

Esta situación se produce, al menos, por varias razones. Cuando nos ocupamos de la comunicación humana, el sentido resulta primordial. La forma como confeccionamos el sentido de lo que se dice es constitutiva de la comunicación humana y es también un aspecto fundamental del acto de escuchar.

Nuestra forma tradicional de abordar la comunicación humana implica, en el fondo, que los seres humanos nos comunicamos entre nosotros de una manera matemática. Pero este tipo de comunicación se produce únicamente cuando el receptor es capaz de reproducir la información que se le está transmitiendo.

Sin embargo, los seres humanos no contamos con los mecanismos biológicos necesarios para que el proceso de transmisión de información se produzca en la forma descrita por la ingeniería de la comunicación. Efectivamente, no poseemos un mecanismo biológico que nos permita reproducir o representar lo que realmente está ocurriendo en nuestro entorno.

No contamos con un mecanismo biológico que nos permita significar que nuestra experiencia sensorial (ver, oír, oler, degustar, tocar) reproduce lo que está allá afuera. Sólo vemos lo que nuestros sistemas sensoriales y nerviosos nos permiten ver. Así, los sentidos que percibimos son aquellos predeterminados por nuestra estructura biológica. Las perturbaciones del medio ambiente únicamente seleccionan reacciones predeterminadas de nuestra estructura.

Podemos concluir, entonces, que "decimos lo que decimos" y los demás "escuchan lo que escuchan"; decir y escuchar son fenómenos diferentes. Esto constituye un aspecto capital. La mayoría de los problemas que abordamos en la comunicación surgen del hecho de que el escuchar difiere del hablar. Y cuando lo que se ha dicho no es escuchado de la forma esperada, las personas llenamos esta brecha crítica con historias y juicios personales. Este mecanismo produce problemas todavía más profundos en la comunicación.

Y es que escuchar **no** es oír. Es necesario diferenciar el oír del escuchar. Oír es un fenómeno biológico que se asocia con la capacidad de distinguir sonidos en nuestras interacciones con un medio. Escuchar, en contraposición, es un fenómeno absolutamente diferente. Aunque su raíz es biológica y descansa en el fenómeno del oír, no es exactamente lo mismo. Escuchar pertenece al dominio del lenguaje y se constituye en nuestras interacciones sociales con los demás.

Lo que diferencia el escuchar del oír es el hecho de que cuando escuchamos, generamos un mundo interpretativo. El acto de escuchar siempre implica comprensión y, por lo tanto, interpretación. Escuchar es oír más interpretar. Escuchar no existe si no hay involucrada una actividad interpretativa. Y aquí precisamente reside el aspecto activo del escuchar.

El factor interpretativo es de tal importancia en el fenómeno de escuchar que es posible escuchar aun cuando no haya sonidos y, en consecuencia, aun cuando no haya nada que decir, siempre que seamos capaces de atribuirle a algo un sentido.

DESDE UNA COMPRENSIÓN DESCRIPTIVA HACIA UNA COMPRENSIÓN GENERATIVA DEL LENGUAJE

Una pequeña explicación

Normalmente pensamos que escuchamos palabras. Nuestra capacidad para organizar las palabras en unidades más grandes nos permite escuchar oraciones. Pero, en última instancia, todo da la impresión de reducirse a palabras. En nuestra interpretación tradicional, las palabras nombran o hacen referencia a un objeto, a un acontecimiento, a una idea, etc.

Se nos dice que el significado de una palabra es su conexión con aquello a lo que se refiere. Como no siempre podemos señalar a qué se refiere la palabra, su significado se establece, comúnmente, a través de una definición que le proporciona un significado utilizando otras palabras que se refieren a ella.

Esta interpretación corresponde al antiguo supuesto de que el lenguaje es un instrumento pasivo para describir la realidad. Sin embargo, el lenguaje es un proceso.

Cuando describimos lo que observamos, estamos también actuando, estamos realizando una descripción y dicha descripción no es neutral. Juega un papel en nuestro horizonte de acciones posibles. A esto lo denominamos "capacidad generativa del lenguaje". El lenguaje finalmente genera realidad.

Basándonos en esta premisa, generaremos una comprensión diferente de lo que es el fenómeno de dar sentido. Sostenemos que si queremos captar el sentido de lo que se dice, debemos examinar las acciones involuntarias en el hablar. Cuando escuchamos, no escuchamos solamente palabras, sino también acciones. Este hecho resulta también crítico para comprender la escucha.

Esta parte del escuchar, que va más allá del hablar, es un aspecto primordial del escuchar activo. Incluso más, se trata de un aspecto fundamental del escuchar humano. Ciertamente, lo que escuchamos puede en ocasiones ser válido y otras no. ¿Dónde está la diferencia? ¿Cómo podemos aumentar nuestra capacidad para escuchar de un modo más efectivo?

Escuchar las acciones implícitas en el acto de hablar no resulta suficiente para asegurar un escuchar efectivo. ¿Qué falta? ¿Qué más incluye el escuchar?

Cuando escuchamos una acción, no sólo identificamos, también respondemos, de una u otra forma, a la pregunta "¿para qué?" se está ejecutando la acción. O dicho de otra forma, "qué" lleva a alguien a decir lo que dice.

Suponemos que normalmente existe una intencionalidad detrás de la acción de una persona. Las acciones aparecen como respuestas a un propósito, a un motivo o una intención. Este supuesto es uno de los cimientos de la tradición racionalista. Desde esta perspectiva, uno de los factores básicos que hace que una acción tenga sentido es su intención.

Cuando actuamos (y también cuando hablamos y escuchamos, esto es, cuando estamos en una conversación) estamos constituyendo el "yo" que somos. Lo hacemos tanto para nosotros mismos como para los demás.

La noción misma de "intención" se desmorona al oponernos a separar a la persona de sus acciones. La pregunta que sigue es obligada: ¿podemos darle un sentido al comportamiento humano sin presuponer una intención tras la acción?

Cuando escuchamos –cuando escuchamos de verdad–, escuchamos las inquietudes de las personas. Escuchamos porqué las personas realizan las acciones que realizan. Las personas que saben escuchar son aquellas que se permiten interpretar constantemente lo que otras personas de su alrededor están diciendo o haciendo. Para escuchar, debemos permitir que los demás hablen, pero también debemos hacer preguntas. Quienes saben escuchar no aceptan de inmediato las historias que les narran y, a menudo, las desafían. No se quedan satisfechos con un único punto de vista, están siempre solicitando otra opinión, examinando las cosas desde ángulos diferentes.

Al alejarnos del supuesto de que el acto de escuchar es pasivo, podemos entonces observar el escuchar como una acción a realizar, como una acción que puede ser diseñada y que se basa en habilidades específicas que podemos aprender.

Cuando escuchamos, también construimos una historia acerca del futuro. Cuando conversamos, todo lo que uno dice es escuchado por el otro, quien fabrica dos clases de historias. Una, acerca de las inquietudes del orador cuando dice lo que dice y la otra acerca de la forma en la que lo que se dijo afectará el futuro del que escucha (sus propias inquietudes). Ambas partes están haciendo esto al mismo tiempo.

Lo hasta aquí tratado nos conduce a reconocer el poder de las conversaciones. En una conversación, el hablar de uno modifica lo posible para el otro, permitiéndole a este decir lo que antes no habría dicho. Este decir, a su vez, le modifica lo posible al primero quien descubre ahora la posibilidad de decir algo sobre lo que jamás antes había pensado y así sucesivamente. En todo ello reside el gran poder de las conversaciones.

El hablar no sólo nos crea, sino también nos da a conocer, nos abre al otro, quien, a través del escuchar, posee una llave de acceso a nuestra forma de ser, a lo que algunos denominan "el alma humana". Este tipo de escucha es propio del *"coaching ontológico"*. Se trata de un escuchar que trasciende lo dicho y que procura acceder al "ser". Es precisamente en este sentido que se trata de un escuchar "ontológico".

Además del hecho de que somos animales que escuchamos, nuestra capacidad para hacerlo no es la misma: existen personas que escuchan mejor que otras.

Aunque estemos dispuestos a escuchar, de todos modos podemos examinar el fenómeno del escuchar como algo que podemos intentar explicar, algo que podríamos querer comprender.

Revisar las condiciones del escuchar contiene un lado práctico: podemos mejorar nuestras habilidades para un escuchar efectivo.

El acto de escuchar está basado en la misma ética que nos constituye como seres lingüísticos. Esto es, en el respeto mutuo, en aceptar que los demás son diferentes a nosotros, que en tal diferencia son legítimos. El respeto mutuo es esencial para poder escuchar.

Cuando escuchamos, nos colocamos en posición de aceptar la posibilidad de que existan otras formas de ser, diferentes a la nuestra. Esto pudiera constituir una definición de la empatía.

Al hablar, nos abrimos a la posibilidad de exponer lo que somos, hacemos accesible nuestra alma. En ello hay una particular apertura hacia el otro, pero esta debe estar también presente, aunque esta vez de manera diferente, ya que está presente en quien escucha.

¿Qué circunstancias afectan a esta apertura, considerada como un requisito fundamental para escuchar? Cada vez que ponemos en duda la legitimidad del otro; cada vez que nos contemplamos como superiores a otra persona sobre la base de la religión, el sexo, la raza; cada vez que nos olvidamos de que somos solo un particular observador, dentro de un haz de infinitas posibilidades de observación; cada una de estas veces, nuestro escuchar se resiente.

Naturalmente, nunca podemos saber cómo son realmente las personas y las cosas. Cuando escuchamos a los demás, nos abrimos a ellos inventando historias sobre esas personas basadas en nuestras observaciones. Sin embargo, serán siempre nuestras propias historias. La distinción de apertura únicamente tiene sentido dentro del reconocimiento de que los seres humanos son sistemas cerrados.

¿Qué significa entonces "apertura"? "Ser humano" significa compartir una forma particular de ser, la manera humana de ser. En este sentido, cada ser humano es la expresión total del fenómeno de "ser" "humano". La condición humana no se constituye en el dominio de nuestra biología, sino en el del lenguaje. De ahí que digamos que el lenguaje nos hace ser como somos, seres humanos.

Estos son los requisitos básicos para escuchar. Por lo tanto, dado que somos sistemas cerrados, se deben realizar dos movimientos fundamentales.

Por una parte, debemos distanciarnos de "nosotros mismos", de esa manera particular de ser que nos diferencia de las demás personas. Al realizar esto aceptamos la posibilidad de que existan otras formas particulares de ser, otras "personas", diferentes a la nuestra. A esto nos referimos cuando hablamos de "apertura". Por otro lado, debemos resaltar el hecho de que compartimos una forma común de ser con la persona que nos está hablando. Esto es lo que nos permite comprender las acciones de los demás, comprender a las personas que son diferentes de nosotros.

El fenómeno de escuchar, en consecuencia, implica dos movimientos diferentes:

★ Nos saca de nuestra "persona", de esa forma particular de ser que somos como individuos.

★ Nos afirma y acerca a nuestro "ser ontológico", a los aspectos constitutivos del ser humano que compartimos con los demás. Sólo podemos escuchar a los demás porque sus acciones son para nosotros acciones posibles, acciones que nosotros mismos podríamos ejecutar.

La interacción comunicativa implica la coordinación de acciones con otra persona. Sus acciones en esta danza conversacional están muy bien definidas por los movimientos ya ejecutados en esa conversación. A esto lo llamamos "el contexto de la conversación", que es uno de los factores que condiciona nuestro escuchar. Usualmente, esto define lo que esperamos escuchar.

Otro factor importante que afecta nuestro escuchar es el estado emocional de la conversación. El estado emocional es una distinción a través de la cual damos cuenta de una predisposición –o de una falta de ella– para la acción.

El significado que conferiremos a ciertas acciones y las posibilidades que veamos como consecuencia de ellas serán completamente diferentes si el estado emocional es uno u otro.

Si nos interesa escuchar efectivamente, deberemos habituarnos a observar, en primer lugar, nuestro estado emocional cuando conversamos y, después, el de la persona con quien conversamos.

No solamente es importante observar el estado emocional de las personas cuando entablamos una conversación. La conversación misma está permanentemente generando modificaciones en los estados emocionales de sus participantes.

Diferentes estados emocionales producen un escuchar distinto. Para comunicarnos de manera efectiva, debemos llegar a ser buenos observadores del estado emocional de una conversación. No obstante, además de conversaciones, también podemos juzgar el estado emocional de las personas observando su lenguaje no verbal.

Otro factor que conviene mencionar es el relativo a nuestra historia personal. Las personas escuchamos aquello que se nos dice, de forma diferente, según nuestras experiencias personales. Nuestra historia de experiencias personales se actualiza en la capacidad de escuchar que poseemos en el presente. La historia personal abre o cierra nuestra escucha. Éste es uno de los principales filtros que siempre tenemos con nosotros mismos a la hora de comunicamos.

Si queremos comunicarnos de manera efectiva, es importante preguntarnos cómo nuestra historia personal puede estar afectando la forma en la que escuchamos y cómo la historia personal de nuestro interlocutor puede afectar su capacidad de escuchar.

Cuando hablamos, coordinamos acciones con otras personas además de crearnos una identidad con aquellos que nos escuchan. Cualquier cosa que digamos contribuye a generar esta identidad en el dominio público.

Existe un dominio, no obstante, que –tal como fuera reconocido anteriormente– posee especial importancia en el modo en el que somos escuchados: el dominio de la confianza. Decimos que éste es un dominio importante, puesto que la confianza afecta directamente a la credibilidad de lo que decimos y, por consiguiente, a la forma en la que somos escuchados.

Todo ello ha de verse reflejado en las conversaciones de *coaching*.

CONVERSACIÓN DE *COACHING*

El *coach* debe intervenir lo menos posible. Las preguntas que formule deben estar orientadas a aclarar los puntos vagos o a centrar al *coachee* en el tema tratado. Conviene, por ello, evitar las preguntas cerradas. Éstas siempre obtienen respuestas breves (síes o noes) y, por tanto, ponen en peligro el control de la conversación; además, como la mayoría de las preguntas, induce a respuestas de alta aceptación social.

Las interrogaciones abiertas, en cambio, comienzan por palabras como: "qué", "cuénteme", "revise", "explique", "describa", "cómo", "por qué", "cuál". Este tipo de preguntas induce a hablar al *coachee*, hacen que este profundice sobre determinados aspectos; permite comprobar supuestos acerca de lo que el *coachee* hizo o de cómo lo hizo.

Durante la conversación, conviene evitar las preguntas ineficaces. Este tipo de preguntas se caracterizan por ser predecibles (el *coachee* sabe cuál es la respuesta más adecuada) o bien, son teóricas, ridículas o nada relacionadas con lo que se está investigando.

Las preguntas que se formulen debieran permitir observar patrones de comportamiento y responsabilidades específicas, así como la forma que utiliza el *coachee* para alcanzar sus logros.

Las más eficaces son aquellas que parecen casuales, resultan sencillas de responder por el *coachee,* y éste no puede determinar con facilidad qué cualidad le están examinando. Igualmente, van dirigidas a propósitos muy definidos.

Algunos de los errores más comunes que se cometen en la conversación se relacionan directamente con la formulación de preguntas.

Otros errores suelen tener vínculos con las siguientes acciones.

Juicios instantáneos

En el 85% de los casos, el *coach* adopta la decisión antes de iniciar la conversación. Se deja llevar por la apariencia física, por los modales, por los comentarios previos a la conversación o por algún dato observado en el currículo.

Énfasis negativo

Los *coachs* están más influenciados por los aspectos negativos que por los positivos. La idea que se forma el *coach* sobre el *coachee* tiene más probabilidad de cambiar de favorable a desfavorable que de esta a favorable.

De hecho, la conversación representa con frecuencia una búsqueda de información negativa y, si ésta no se obtiene en alguna medida, la conversación puede considerarse deficiente. El error consiste en generalizar: por encontrar algunos aspectos negativos en el *coachee*, se considera que todos los demás aspectos no deben ser tenidos en cuenta y se concluye que se trata de un mal *coachee*.

Efecto halo

El *coach* tiende a sobrevalorar los aspectos positivos del *coachee* y a minimizar los negativos. El *coach* se deja llevar por las propias opiniones sin considerar los hechos objetivamente.

Efecto de contraste

En el orden de las sesiones con los *coachees*, el hecho de tener antes o después la conversación con un *coachee* ejerce una notable influencia sobre la evaluación. Esto se debe a un efecto de contraste con otros *coachees*.

Psicología barata

El *coach* se considera un psicólogo aficionado y realiza intervenciones e interpretaciones del comportamiento del *coachee*, completamente fuera del contexto (y de la ética).

No tomar apuntes

Tomar notas exige un cuidado especial, ya que hay que evitar que este hecho constituya una distracción para el *coachee* o para el propio *coach*. La información que se anote no debe estar consignada en ningún otro lugar y al hacerlo deben anotarse palabras clave, en ningún momento tomar notas al pie de la letra.

Otros errores que se cometen se relacionan con la fase de planificación, como no preparar adecuadamente la conversación, divagar o tener presiones para validar a un *coachee*, por ejemplo.

El cierre de la conversación

La penúltima fase de la conversación es el cierre. Después de que se ha desarrollado plenamente la conversación, es decir, se han logrado los objetivos, conviene ir dando señales, generalmente no verbales, de que la conversación está concluyendo.

Durante esta fase, se brinda la oportunidad al *coachee* de aclarar sus inquietudes con respecto a la conversación o con relación a cualquier aspecto de su interés. Igualmente, se detallan aquí los siguientes pasos a dar, si es que los hay.

Siempre debe procurarse que la conversación finalice de forma agradable para el *coachee*, incluso aunque el *coachee* no sea el idóneo para un puesto o el resultado de su evaluación del desempeño no sea favorable.

Para acabar, conviene realizar un resumen de la conversación en el que se corroboran los hechos observados y se corrige algún aspecto si es necesario. En esta fase, se suelen cometer tres errores:

1. En el momento de la despedida, permitir que el *coachee* regrese o insista sobre puntos ya discutidos. Esto es especialmente peligroso.

2. Una vez terminada formalmente la conversación, continuar conversando, de manera más social, con el *coachee*.

3. Terminar antes de tiempo. Este error es obviamente debido a una inadecuada planificación y suele generar incertidumbre y ansiedad en el *coachee*.

Sólo después de haber seguido paso a paso el proceso de la conversación, se puede adoptar alguna decisión. Para tal fin, es pertinente sopesar las fortalezas y debilidades del *coachee* y compararlas con los objetivos de la conversación.

5– Recordatorio final

El contrato

La clave para que una intervención de *coaching* resulte exitosa se inicia con este primer paso: el contrato, el establecimiento de acuerdos o el diseño de la alianza (de las tres maneras se puede denominar). Un contrato de *coaching* es similar a un contrato legal. Se trata de establecer un conjunto de acuerdos claros y "asumibles" por ambas partes. Un contrato diseñado cuidadosamente puede ayudar a clarificar los objetivos del *coaching*, los acercamientos y, por supuesto, los resultados.

De hecho, muchas intervenciones de *coaching* fracasan debido a un contrato insuficiente o, simplemente, pobremente formulado. Un contrato establecido con claridad permite que todas las partes sepan en todo momento donde se meten y, al mismo tiempo, les ayuda a disminuir su ansiedad, su resistencia e incluso su irritación.

Para iniciar el proceso de contrato, el *coach* debe identificar con claridad quién es el cliente (lo cual muchas veces no es tan obvio como inicialmente pueda parecer), debe identificar a otras partes relevantes (por ejemplo, el jefe del colaborador, en el caso de que el *coach* no ejerza de jefe directo de este) y las necesidades y deseos de todos ellos, incluyendo las del propio *coach*. Al fin y al cabo, el *coach* seguro que también tiene algunas ideas acerca de las condiciones que son necesarias para obtener un buen resultado.

El siguiente paso es que el *coach* asuma la responsabilidad de asegurarse de que todas las partes comprenden y están de acuerdo en los principales términos del contrato. En caso de duda, lo mejor es no presuponer nada. Es mucho mejor insistir de nuevo con las personas (incluso con el riesgo de que se molesten por la iteración), asegurándonos y volviéndonos a asegurar de nuestro entendimiento (aunque nos refiramos a cuestiones aparentemente obvias), que suponer que todos los implicados están totalmente de acuerdo.

En resumen, este marco o alianza es el espacio que contiene al trabajo de *coaching*. El colaborador y el *coach* diseñan este marco para que satisfaga las necesidades específicas de cada colaborador. Se trata de una acción necesariamente dinámica, que puede variar con el tiempo para posibilitar siempre cubrir dichas necesidades y procurar que el marco inicialmente establecido no quede obsoleto. Gran parte del diseño de la alianza tiene lugar durante la sesión inicial entre el *coach* y el colaborador. Este marco sirve para:

★ Crear un espacio seguro y de valentía para el colaborador.
★ Establecer la confianza del colaborador en el *coach*.
★ Ayudar al *coach* a saber cómo trabajar con el colaborador de una manera eficaz y que realmente proporcione valor al colaborador.

Desde luego, cada *coach* desarrolla su propio estilo a lo largo del tiempo. A continuación, se suministran algunas pautas generales que pueden ser de utilidad al principio.

Esta primera conversación puede durar de 20 minutos a una hora.

1. Poner al cliente en contexto: El *coaching* ofrece una oportunidad única de generar una relación diseñada "a la medida", pero conviene tener en cuenta (como ya hemos subrayado profusamente en diversos capítulos del libro) que este proceder es relativamente novedoso y, en consecuencia, el *coach* tendrá que ayudar a sus colaboradores para que realmente sepan qué pueden esperar de dicha relación.

2. Iniciar el diseño: El *coach* toma notas y hace las preguntas necesarias al colaborador. Ciertos colaboradores ya tienen una idea sobre lo que les gustaría hacer. En ese caso, conviene empezar por ahí.

Algunas preguntas que se pueden formular al colaborador son:

✓ ¿Cómo quieres que te haga *coaching*?
✓ ¿Qué estás buscando en un *coach*?
✓ ¿Qué más?

A medida que el colaborador proporcione respuestas generales, conviene empezar a hacerle preguntas más específicas.

✓ ¿Qué haces para dejar de posponer cosas?
✓ ¿Cuál es la mejor forma de enfrentarse a ti?
✓ ¿Qué tipo de cosas te dices a ti mismo?
✓ ¿Cómo quieres que responda cuando no cumplas algo que has acordado cumplir?

En esta parte de la sesión inicial, es conveniente que el *coach* mencione qué es importante para él de la relación que ahora se inicia. Se trata de que el *coach* aproveche la oportunidad para expresar lo que quiere del colaborador.

Sería importante, por ejemplo, que el *coach* explicitara que tiene tal o cual estilo (pongamos por caso, un estilo directo), que llamará a las cosas por su nombre, que no se dejará engañar por el colaborador, que cuando perciba que algo no cuadra se lo dirá abiertamente, etc.

En esta primera fase, es conveniente mostrarse de forma relajada y abierta con los *coachees*, es decir, mostrarse tal como uno es y revelar opiniones, preferencias o sentimientos en relación con el colaborador. Es trascendental tener la capacidad de actuar "directamente", de ser claro a la hora de establecer las expectativas mutuas y exigir que los colaboradores sean responsables de sus acciones y coherentes con sus compromisos

En cualquier caso, conviene recordar siempre al colaborador que el *coaching* es un proceso continuo y que probablemente se tendrá que rediseñar este marco establecido inicialmente según vaya progresando la relación.

Determinar las áreas a trabajar

El *coaching* tiene lugar cuando el colaborador está dispuesto a relacionarse con el *coach* exponiendo su situación sin buscar convencer, seducir o conseguir su aprobación. El colaborador entabla una conversación que se convierte en transformadora cuando su reflexionar se entrelaza con las preguntas del *coach*.

La reflexión detiene ese pensar automático que todos solemos tener constantemente, y propicia un pensar más pausado, más tranquilo que posibilita observar la misma situación desde otra posición.

El trabajo principal del *coach* es buscar, hurgar dentro, indagar más en la situación. La llave maestra del *coach* son las preguntas.

Como ya hemos apuntado, en el *coaching* las preguntas son más relevantes que las respuestas.

En esta etapa, la labor del *coach* es la de ayudar a especificar la meta del *coachee* y comprobar su correcta formulación.

Preguntas sobre el objetivo

✓ ¿Qué quieres conseguir?
✓ ¿Qué te gustaría cambiar?
✓ ¿Cuál es el asunto sobre el que quieres trabajar?

✓ ¿Qué resultados esperas al terminar esta sesión?
✓ ¿Hasta dónde quieres llegar y en qué nivel de detalle?
✓ A largo plazo, ¿cuál es tu objetivo acerca de este asunto? ¿Cuál es el marco temporal?
✓ ¿Qué beneficios conlleva para ti la consecución de este objetivo?
✓ ¿Qué beneficios complementarios o asociados obtendrás?
✓ Crea un registro sensorial de tu objetivo, ¿qué verás cuando lo consigas?, ¿qué oirás?, ¿qué sensaciones tendrás?, ¿cómo te sentirás?
✓ ¿Qué pasos intermedios puedes identificar?, ¿cuáles son sus marcos temporales?
✓ ¿Antonio, te gustaría tratar conmigo el tema…?
✓ ¿Ana, te gustaría que te ayude a…? ¡Te parece bien que nos veamos mañana?

La pregunta que puede usted tener en estos momentos es sobre qué áreas se puede trabajar en el *coaching* con el colaborador. La respuesta es sobre cualquiera área que el colaborador quiera o necesite mejorar y que esté vinculada con el mundo profesional. Obviamente, nuestro papel como directivo *coach* es ayudar a que el colaborador considere prioritario trabajar en aquellos aspectos en los que más lo necesita (el colaborador, usted y la empresa). De otra forma, el colaborador podría desear trabajar en un área que nosotros no consideramos capital para desarrollar su desempeño profesional.

Algunas áreas en las que frecuentemente suelen trabajar los *coachees* con sus colaboradores son las siguientes:

✓ Acostumbrarse a delegar.
✓ Actualizar regularmente sus conocimientos.
✓ Tener un mayor autocontrol emocional.
✓ Incrementar la capacidad de dar *feedback* de calidad.
✓ Mejorar la comunicación con los compañeros.
✓ Escuchar mejor.

✓ Fijar objetivos.
✓ Gestionar los conflictos.
✓ Gestionar el tiempo.
✓ Realizar llamadas telefónicas.
✓ Gestionar el estrés.
✓ Mejorar la interrelación con otras personas.
✓ Mejorar la "asertividad".
✓ Motivar mejor a sus colaboradores.
✓ Ordenar su espacio de trabajo.
✓ Organizar y dirigir reuniones.
✓ Planificar sus actividades.
✓ Realizar presentaciones en público.
✓ Redactar documentos.
✓ Utilizar apropiadamente determinado programa informático.

FASE 1: HACER EL DIAGNÓSTICO

En esta parte se trata de generar preguntas para que el *coachee* establezca toda la información relevante acerca de la situación de partida.

Aquí, la habilidad clave será buscar información de la persona que sea útil en el trabajo de *coaching*. Igualmente, será fundamental la capacidad de entender las emociones y sentimientos de la otra persona y su significado; así como la capacidad de analizar los datos aportados, de encontrar las causas de un problema y sus consecuencias, de establecer prioridades. Y, por último, la capacidad de conceptualizar, de encontrar conexiones y pautas en la información que maneja.

Preguntas sobre la situación

✓ ¿Cuál es la situación actual?
✓ ¿Qué estás haciendo actualmente?
✓ ¿Cómo lo estás haciendo ahora?

✓ ¿Cuál es la situación presente en más detalle?
✓ ¿De qué forma esta situación representa un problema para ti?
✓ ¿Qué te preocupa y hasta dónde lo haces?
✓ ¿Quién más está afectado por este tema?
✓ ¿Quién conoce tu deseo de hacer algo con esto?
✓ ¿Hay alguien más que tenga control y cuánto?
✓ ¿Cuánto control tienes personalmente sobre el resultado?
✓ ¿Qué pasos y acciones has tomado respecto al asunto por el momento?
✓ ¿Qué ocurrirá si no cambias o haces esto?
✓ ¿Qué costes a corto, medio y largo plazo tiene para ti no cambiar?
✓ ¿Qué otras personas o áreas de tu vida se verán perjudicadas si no cambias o haces esto?
✓ ¿Qué beneficios a corto, medio y largo plazo obtendrás como consecuencia de pasar a la acción?
✓ Hasta este momento, ¿qué te ha frenado más?
✓ ¿Consigues algún tipo de beneficio manteniendo la situación actual tal y como está?
✓ ¿Piensas que puede ocurrir algo negativo si abandonas la situación actual o cambias tu conducta?
✓ ¿Qué obstáculos vas a tener que enfrentar por el camino?
✓ ¿De qué recursos ya dispones (habilidades, tiempo, dinero, entusiasmo, voluntad, apoyo…)?
✓ ¿Qué otros recursos necesitarás? ¿De dónde los sacarás?
✓ ¿De qué se trata el tema realmente?

FASE 2: GENERAR ALTERNATIVAS

Se trata aquí de generar una serie de alternativas. El *coach*, en este punto, debiera ser capaz de ayudar al *coachee* a generar las máximas opciones posibles; para ello tendrá que estimular su creatividad de este y desafiar sus limitaciones.

Preguntas sobre opciones

✓ ¿De qué maneras puedes enfocar el tema?

✓ ¿Qué opciones tienes que dependan de ti?

✓ Haz una lista de todas las alternativas, grandes o pequeñas, soluciones completas o parciales: ¿cuáles son?

✓ ¿Qué más puedes hacer?

✓ ¿Qué harías si tuvieras más tiempo, un presupuesto mayor o fueras el jefe?

✓ ¿Qué harías si pudieras comenzar de nuevo y con otro equipo?

✓ ¿Qué otras opciones tienes?

✓ ¿Cuáles serían algunas otras propuestas especialmente creativas?

✓ ¿Qué persona piensas que estaría especialmente preparada para encontrar soluciones o alternativas en esta situación? ¿Qué haría ella en tu lugar?

✓ ¿Cuáles son las ventajas y desventajas de cada una de estas opciones?

✓ ¿Cuál daría mejor resultado?

✓ ¿Qué alternativa te apetece más o piensas que sería mejor?

✓ ¿Cuál sería más fácil?

✓ ¿Cuál de ellas te acerca más al objetivo o situación ideal?

✓ ¿Cuál sería la más satisfactoria para ti?

FASE 3: ESTABLECER EL COMPROMISO

En esta última etapa, el *coach* debe centrarse en la especificación del compromiso de acción por parte del *coachee*.

Preguntas sobre el plan de actuación

✓ ¿Qué opción u opciones escoges?

✓ ¿Hasta qué punto satisfacen todos tus objetivos?

✔ ¿Cuáles son tus criterios y medidas de éxito?

✔ ¿Cuándo vas a comenzar y acabar cada uno de los pasos?

✔ ¿Qué puede impedir que lleves a cabo estas acciones?

✔ ¿Qué harás para superar estos obstáculos?

✔ ¿Quién necesita saber de tus planes?

✔ ¿Qué apoyo necesitas tener y de quién?

✔ ¿Qué vas a hacer para lograr el apoyo necesario? ¿Cuándo?

✔ ¿Qué puedo hacer para apoyarte?

✔ ¿Qué nivel de motivación y compromiso (en una escala del 1 al 10) tienes ahora mismo para llevar a cabo estas acciones?

✔ ¿Qué impide que sea un 10?

✔ ¿Qué puedes hacer para aumentar ese nivel hasta un 10?

✔ ¿Qué harás ahora mismo que te acerque de alguna forma a tu objetivo? ¿Llamar a alguien? ¿Fijar una señal o recordatorio? ¿Anotarlo en tu agenda? ¿Qué más te puede ayudar? ¿Cómo puedes asegurarte ahora de que llevarás adelante tu plan de acción?

✔ ¿Hay alguna otra cosa que te gustaría compartir conmigo ahora que ya hemos terminado?

PALABRAS FINALES

Creer en las personas. Esa es la esencia del *coaching*. Estar convencido de que la otra persona es capaz de encontrar por sí misma las respuestas a los desafíos que se le presentan.

Esta circunstancia debería ser suficiente para que las organizaciones y los directivos practicaran con profusión el *coaching* y fomentaran el proceso de impartirlo. Al fin y al cabo, ¿para qué se paga a los directivos?

El desarrollo de sus colaboradores debería ser una de las funciones capitales de su trabajo. Así como que sus colaboradores ganen autonomía en el tratamiento y en la resolución de los problemas, haciendo uso de sus propios recursos. Este enfoque supone que el directivo, por lo general, precise "desaprender" aquello que lo ha convertido en un supervisor con éxito en el corto plazo, con una fuerte orientación a la tarea, y descubrir la verdadera dimensión del factor humano y la comprensión plena de qué papel juega este en la contribución a los resultados. Para el directivo, el *coaching* conlleva, en esencia, una nueva modalidad de ejercer el liderazgo.

Los modelos mentales, los paradigmas o la programación interna de los directivos ejercen aquí una importancia crítica. La dirección heroica que tiene todas las respuestas ya no tiene cabida en este nuevo espacio. Se trata justamente de todo lo contrario. De eliminar el rol dependiente del colaborador y colocarse en una posición receptiva, reflexiva, a partir de la cual los colaboradores depositen la confianza en el líder, ya no directivo, y que este —en ese nuevo espacio generado— pueda estar en disposición de ayudar al colaborador para que este encuentre.

La creencia primordial del *coaching* es que **el colaborador es una persona creativa, completa y llena de recursos**. La labor del directivo es, pues, liberar y poner en juego esa serie de recursos. Un conjunto de habilidades contribuyen a ello. La autogestión es una de las habilidades clave. Autogestión para no proyectar, para no dar respuestas, para que nuestras creencias y valores no interfieran con los del colaborador. Dar *coaching*, tal como ejercer el liderazgo, requiere conocerse muy bien uno mismo.

La **curiosidad** es otra habilidad fundamental. Se trata de un genuino interés por saber, por aprender. Aquí, la capacidad de formular preguntas potentes resulta esencial. Preguntas que realmente busquen comprender, ampliar la visión que uno tiene. Preguntas que no buscan las causas (los porqués), sino que propician entendimiento. Preguntas que, en suma, logran que el colaborador amplíe su visión, lo cual lo ayuda a incrementar su autonomía. La **escucha** deviene entonces en una habilidad esencial. Escucha enfocada y escucha global. Eso significa estar pendiente y escuchar todo, lo que se dice con las palabras, lo que se dice con el cuerpo, y también lo que no se dice. La **intuición** es un ingrediente muy vinculado al *coaching*. Eso requiere que el directivo sea espontáneo, que diga lo que piensa o cómo se siente y que no tema equivocarse ni perder su autoestima. Más allá de que la intuición constituye una vía de descubrimiento muy ancha, el directivo debe creer firmemente en que brindar *coaching* es posible. Debe estar convencido de que las personas pueden obtener por sí mismas sus propias respuestas.

Generar acción y aprendizaje es otra habilidad que desarrolla un buen *coach*. Todo *coaching* debe conducir necesariamente a la acción, a una acción concreta, medible y alcanzable por parte del colaborador. El directivo tiene que hacer ver al colaborador el precio de sus decisiones, lo que va a conseguir con esas acciones y a lo que, al mismo tiempo, debe renunciar. La paciencia es una habilidad trascendental en este punto. Paciencia para no subvertir ese nuevo rol directivo, un rol que ya no dispone de las respuestas, un rol de neutralidad. Pero al mismo tiempo es un rol realista, que toca firmemente con los pies en el suelo y que es consciente de hasta qué punto las acciones generadas por el colaborador contribuyen a solucionar el problema.

El *coaching* es una herramienta de desarrollo. Y el desarrollo es la función principal de los directivos. Para ayudar al crecimiento del colaborador, el *coaching* es mucho más apropiado que desarrollar acciones directivas. Y además, constituye una forma inteligente de invertir bien el tiempo.

Bibliografía

ACEVEDO, José Fernando y LÓPEZ GALLEGO, Francisco, *Adelgazamiento organizacional ¿opción de competitividad?*, Editorial UPB, 2000.

ALLES, Alicia, *Elija al mejor guía para el coach*, Ediciones Granica, 2003.

Dirección estratégica de recursos humanos, Ediciones Granica, 2000.

ANDERSON, Rolph E., HAIR, Joseph F. Jr. y BUSH, Alan J., *Administración de Ventas*, McGraw–Hill, 1996.

ANGEL, Pierre y AMAR, Patrick, *Guía práctica del coaching*, Ediciones Paidós.

BELL, Chip R., *Mentoring, haga crecer a sus colaboradores*, Editorial Gestión 2000.

BLANCHARD, Ken, *Las tres claves del empowerment*, Granica, 2004.

BOYETT, Joseph y BOYETT, Jimmie, *Hablan los gurús*, Gestión 2000, 2003.

CANTERA, Javier (coordinador), *Coaching, mitos y realidades*, Pearson Prentice Hall, Madrid, 2003.

DEBORDES, Pascal, *Coaching, entrenamiento eficaz a los comerciales*, Editorial Gestión 2000.

DESSLER, G., *Administración de personal*, Prentice Hall, 1999.

ECHEVERRÍA, Rafael, *Ontología del lenguaje*, Dolmen Ediciones.

ESTEFANÍA, Joaquín, *El poder en el mundo*, Punto de Lectura, 2001.

FERNÁNDEZ, R. y CARROBLES, J., *Evaluación conductual*, Pirámide, 1982.

FELDMAN, Daniel A., *Coaching people toward success in work and life*, Editorial Centro de Estudios Ramón Areces, 2003.

FOUCAULT, Michel, *Vigilar y castigar*, Editorial Siglo XXI, 1996.

GOLDSMITH, Marshall, LYONS, Laurence y FREAS, Alissa, *Coaching, La última palabra en el desarrollo del liderazgo*, Prentice Hall, 2001.

GOLEMAN, Daniel, *Inteligencia emocional en la organización*, Editorial Kairos, 1996.

HANDY, C., *La edad de la sin razón*, Ediciones Apóstrofe, 1993.

HAMMER, Michael y CHAMPY, James, *Reingeniería de la empresa*, Parragón Ediciones, 1995.

HERREROS DE LAS CUEVAS, Carlos, *El coaching: cura, libera y subvierte, tres casos de coaching ejecutivo*, Ediciones Granica.

HURST, D., *El desafío del cambio*, Editorial Temas, 1995.

KOTLER, Philip, *Dirección de marketing*, Prentice Hall, 2000.

KOURILSKY, Francoise, *Coaching, cambio en las organizaciones*, Ediciones Pirámide, 2005.

KUHN, T., *La estructura de las revoluciones científicas*, México, Fondo de Cultura Económica, 1991.

LAUNER, Viviane, *Coaching, un camino hacia nuestros éxitos*, Editorial Pirámide.

LAWLER, E., *High Involvement Management*, Jossey Bass Publishers, 1991.

LAZZATI, S., *El aporte humano en la organización*, Macchi, 1999.

LEIBLING, Mike y PRIOR, Robin, *Coaching: paso a paso, métodos que funcionan.*

LEVY–LEBOYER, Claude, *Gestión de las habilidades*, Ediciones Gestión 2000, 1998.

LOCKE, Christopher, LEVINE, Rick y SEARLS, Doc, *The Cluetrain Manifesto*, Editorial Norma, 2000.

LÓPEZ GALLEGO, Francisco y ACEVEDO, José Fernando, *La reingeniería como opción de competitividad*, Editorial UPB.

LUKES, S., *Power a radical View*, MacMillan Press, 1988.

LOSADA, S., *Selección, contratación e inducción de personal*, El manual moderno, 2001.

MANSILLA, A., *Cómo conversar*, Norma, 2000.

MAYOR, Alberto, *Ética, trabajo y productividad.*

MIEDANER, Talane, *Coaching para el éxito, conviértete en el entrenador de tu vida personal o profesional*, Editorial Urano, 2002.

MINTZBERG, H., *La estructura de las organizaciones*, Editorial Díaz de Santos, 1984.

MORCILLO, P., *La estructura de las organizaciones*, Pirámide, 2006.

NASH, M., *Cómo incrementar la productividad del recurso humano*, Norma, 1995.

PARSLOE, Eric, *Coachees y mentores*, Panorama, 2005.

RHEINGOLD, Howard, *Smart Mobs, The Next Social Revolution*, 1999.

SALAZAR, Tribiño Gilberto y MOLANO CAMACHO, Mauricio, *Coaching* en acción, McGraw–Hill, 2000.

WHITWORTH, Laura, KIMSEY–HOUSE, Karen, KIM-SEY–HOUSE, Henry y SANDAHL, Phillip, *Co–Active Coaching: New Skills for Coaching People Toward Success in Work And Life*.

SENGE, Meter, *La quinta disciplina en la práctica*, Editorial Granica, 1995.

SENGER, Jack, SMALLWOOD, Norm y ULRICH, Dave, *Liderazgo basado en resultados*, Edición Gestión 2000, 2000.

SMART, J. K., *Coaching y feedback eficaces, cómo ayudar a nuestros colaboradores a mejorar sus resultados*, Ediciones Gestión 2000.

SOLER, María Rosa, *Mentoring, estrategia de desarrollo de recursos humanos*, Editorial Gestión 2000.

STANTON, William J., BUSKIRK, Richard H. y SPIRO, Rosann L., *Ventas: Conceptos, planificación y estrategias*, McGraw–Hill, 2001.

SUROWIECKI, James, *Cien mejor que uno, la sabiduría de las masas*, Ediciones Urano, 2004.

WEBER, Max, *Economía y sociedad*, Fondo de Cultura Económica, 1993.

WITHMORE, John, Coaching, El método para mejorar el rendimiento de las personas, Paidós, 2003.

ÍNDICE

Editorial LibrosEnRed

LibrosEnRed es la Editorial Digital más completa en idioma español. Desde junio de 2000 trabajamos en la edición y venta de libros digitales e impresos bajo demanda.

Nuestra misión es facilitar a todos los autores la **edición** de sus obras y ofrecer a los lectores acceso rápido y económico a libros de todo tipo.

Editamos novelas, cuentos, poesías, tesis, investigaciones, manuales, monografías y toda variedad de contenidos. Brindamos la posibilidad de **comercializar** las obras desde Internet para millones de potenciales lectores. De este modo, intentamos fortalecer la difusión de los autores que escriben en español.

Nuestro sistema de atribución de regalías permite que los autores **obtengan una ganancia 300% o 400% mayor** a la que reciben en el circuito tradicional.

Ingrese a www.librosenred.com y conozca nuestro catálogo, compuesto por cientos de títulos clásicos y de autores contemporáneos.